13歳から分かる！

THE ELEMENTS OF THE PROFESSIONALS:
THE LESSON IN EFFECTIVENESS

プロフェッショナルの条件

ドラッカー
成果を上げるレッスン

監修
藤屋伸二

イラスト
大西 洋

日本図書センター

はじめに

ドラッカーってどんな人？

　ピーター・F・ドラッカーといえば、20世紀を代表する経済思想家であり、『マネジメント』『経営者の条件』『現代の経営』など、ビジネスマンのバイブルともいえる名著を数多く残した人物として知る人は多いでしょう。彼の著作は、いまも世界中の人々に影響を与え続けています。

　でも、彼がいったいどんな時代を生き、なにを感じていたのかを知る人は少ないのではないでしょうか。

　ドラッカーは1909年、ウィーンで、裕福なユダヤ系ドイツ人の家庭に生まれました。学校の成績は非常に優秀でしたが、学校で学ぶより実際に社会に出て働くことに強い興味をいだき、17歳でドイツの貿易会社に就職。ナチスが力を持ちはじめると、危険を逃れるためイギリス、アメリカへと移り住みながらさまざまな職業を経験し、世の中を見つめる目を磨いていきます。いち早くベルリンの壁の崩壊や日本の経済大国

化を予見したり、マネジメントの重要性を説いたのもドラッカーです。

　2005 年、95 歳で永眠。20 世紀の始めから終わりまでをその鋭い目で観察し、示唆に富んだたくさんの提言を残したことから、「20 世紀の知的巨人」とも呼ばれています。

"成果"というキーワード

　ドラッカーは数多くの著作を残しましたが、それらのなかでたびたび使っている重要なキーワードがあります。それは"成果"です。

　成果というと、仕事で実績を上げることをイメージする人が多いと思います。もちろん仕事で成果を上げるのはとても大事なことです。しかしドラッカーは、成果というものをより大きくとらえ、人が人生を充実させ、本当の幸せを手に入れるために必要なものと考えています。

　ドラッカーはこんなふうに言っています。

「**成果を上げられるようになるのに特別な才能は必要ない。ある能力を身につけさえすれば、だれでも成果を上げられるようになる。そしてそれは、だれにでも身につけることができる**」

13歳でも分かる入門書

　本書は、ドラッカーの数ある著作のなかでも、成果を上げ人生を豊かにするための方法がまとめられた『プロフェッショナルの条件』をベースにし、ほかの著書の要素もおりまぜながら、13歳から分かるようにまとめた入門書です。ドラッカーの成果に対する考え方、それを通して人生を豊かにする方法を手軽に学ぶことができます。

　入門書とはいっても、原典の重要なポイントや雰囲気はしっかり詰まっています。豊富に盛り込んだイラストや図解も、みなさんの理解を

助けてくれるでしょう。

　「人一倍努力しているのに思うような結果が出ない」

　「会社では高く評価されているのに、充実感を得られない」

　そんな悩みを抱えている人は、ぜひ本書を一読して、ドラッカーの考え方に触れてみてください。

　各章の冒頭には、ちょっとしたものがたりが挟まれています。主人公の青年は、最初は目の前の仕事に追われるばかりの毎日を過ごしています。しかし老紳士に出会い、彼に導かれながら、成果を上げるための能力をひとつひとつ身につけ、着実に成長していきます。

　彼の成長を楽しみながら、ぜひみなさんも一緒に成果を上げるための能力を身につけ、自分を成長させていってください。

藤屋伸二

目次

序 章

成果を生み出せる
人になる

灯りの消えないレストラン

　夜は更け、街は静けさに包まれた。

　その街の片隅に、まだ灯りを落とさない店がある。大きな建物と建物の谷間に建つ、小さなレストランだ。

「困ったなあ、どうすればいいんだろう……」

　静まり返った店内で、ひとりの青年が、今日も店の売り上げを見ながら頭を抱えていた。このレストランの店長だ。

　彼が店長を任されたのは1年前。この店でウェイターとして働きはじめて7年目のことだった。

　それまで店はいまのオーナーが仕切っていて、売り上げも安定していた。ところが彼が店長になって以来、その売り上げが大きく落ちてしまっていたのだ。

　そのとき、オーナーがやってきた。そしていつものように売り上げを確認すると、「ちょっと飲みに行かないか？」と青年

を行きつけのバーへ連れ出した。

「店のほうは厳しい状況が続いてるね。でもおまえさん、ちょっと根を詰めすぎなんじゃないか？　ずいぶん疲れているように見えるぞ」

「ええ……、なかなか売り上げが上がらないもので……」

「そういえばこのあいだ、昔なじみのお客さんと街でバッタリ会ってね、おまえさんのことを褒めてたぞ。焦るのは分かるが、気持ちに余裕を持って、おまえさんらしくやればいい」

　オーナーがわざわざこんな言葉をかけてくれることはめずらしい。きっと心配しているのだろう。

　オーナー時代の客はこの１年で少しずつ減り、新しい客をつかむこともできないでいる。それが売り上げ低迷の原因だ。もちろん、青年なりに努力はしてきたつもりだ。

「それなのに、どうして成果に結びつかないんだろう」

青年、老紳士と出会う

　翌朝、青年はほとんど眠れないまま夜明けを迎え、いつもより２時間も早く家を出た。

「しかたがない。コーヒーでも飲みに行こう」

　いつものカフェのテラス席に座ると、目の前には大きな公園が広がり、木々が風に揺れている。

　ふだんはこの風景を楽しむのが日課だった。でも今日は、その景色を見ても青年の気持ちは一向に晴れなかった。

　突然、隣の席からカップが倒れる音がした。コーヒーがこぼれ、青年の足にかかりそうになった。

「申し訳ない。汚れませんでしたか？」

　それは、上等な服を着た品のいい老紳士だった。

「ええ、大丈夫です」

「いや、じつはあなたの顔に気を取られてしまってね、ついコーヒーをこぼしてしまった」

「え、ぼくの……？」

「ええ。ずいぶん思い詰めているようだったから」

「いや、そんなことは……。ただ、寝不足だったもので」

　青年はごまかそうとしたが、老紳士は青年の心のなかを見透かしたのか、やわらかい笑顔を向けていった。

「どんなことでも、人に話すと楽になるものですよ。わたしでよければ、話してみませんか？」

　老紳士のおだやかな佇まいに安心感を覚え、青年はいまの状

況を話してみることにした。

　老紳士は、青年の話に熱心に耳を傾けてくれた。そして青年がひとしきり話し終えるといった。

「なるほど、思うように成果が上がらないんだね。でもね、この"新しい社会"では、だれだって成果を上げることができるんだよ。そして成果を上げるための能力は、だれにでも身につけることができるんだ」

　青年には、老紳士のいうことがよく分からなかった。新しい社会ってなんだろう。それに、だれでも成果を上げられるなんて、本当だろうか？

　老紳士は、また青年の心のなかを見透かしたような笑顔を作った。そして、おもむろに話しはじめた。

ヒト・モノ・カネではなく知識が力を持つ「知識社会」

▶ 知識が社会の中心になった

　ものがたりに登場する青年は、老紳士の言葉にとまどっているようですね。さて"新しい社会"とは、いったいどのような社会なのでしょう。**「成果を上げるための能力は、だれにでも手に入れることができる」**というのは本当なのでしょうか。

　わたしたちは長いあいだ、「ヒト・モノ・カネ」という資本が大きな力を持つ資本主義の社会を生きてきました。資本を持つ者は社会のあらゆる競争に勝ちやすく、持たない者は負けてしまいやすい、そんな社会です。

　しかし時代は変わり、社会も大きく変化しました。そしてその変化は、社会を生き抜くために重要な資本の中身にも大きな影響を与えました。「ヒト・モノ・カネ」に取ってかわり、「知識」がその重要な位置を占めるようになったのです。

　1つ例をあげてみましょう。

　インターネットが、やっと一般的に使われるようになったころ。まわりの人たちとの関係作りがうまくいかず悩んでいたひとりの学生が、自分の世界を広げたいと思っていた。そして、あることを思いついた。

「そうだ、インターネットを利用して人と人がつながるしくみを作れないだろうか。そうすれば、だれとでも簡単につながることができるぞ！」

彼は、システム構築についてだれにも負けない知識を持っていた。そこでさっそくそのしくみを作ることにした。

できあがったこのしくみは、あっという間に世界中に広がった。ひとりの学生の知識が世界中の人間関係のあり方を変え、彼はビジネスの世界でも大成功を収めた。

この例に登場する学生は、ヒト・モノ・カネという資本はなにも持っていませんでした。けれど自分の知識を使って世の中をよりよくし、ビジネスとしても見事に成功させました。

▶知識はだれにでも手に入れられる

ものがたりの老紳士がいっていた"新しい社会"とはつまり、こんなふうに知識が大きな力を持つようになった社会のことだったのです。こ

の社会を「**知識社会**」といいます。そこではヒト・モノ・カネではなく、知識こそが重要なのです。

　「知識」といっても、単なる情報だけではありません。この知識社会で求められるのは、経験や理論なども使って「いかに成果を生み出すか」を考える力です。情報・経験・理論、このすべてがそろってこそ、本当の「知識」といえるのです。

　その気になれば、知識はだれにでも手に入れることができます。大きな資本も特別な資格も必要ありません。どこへでも簡単に持ち運べ、横取りされることもありません。しかも、これまで重要だったヒト・モノ・カネを生み出すことさえ可能にします。

　ただし、知識は「すぐに古びてしまう」という大きな欠点も持ってい

ます。つねに勉強をし、知識をみがき続けなくてはいけないのです。も
しも知識をみがくことをやめてしまったら、そのとたん、それは古びて
役に立たなくなってしまうのです。

知識で成果を生み出す「プロフェッショナル」になろう

▶ 知識を持つ人・持たない人

　知識が中心になった知識社会には、自分の知識を使って成果を上げる
人たちがいます。この人たちのことを「**知識労働者**」といいます。こん
なふうにいうと、みなさんは経営者や役職あるビジネスマンのような、
ごく一部の特別な人をイメージするかもしれません。でも、それはちが
います。**自分の知識を使って成果を上げる人なら、どんな人でも「知識
労働者」なのです。**

　ネジメーカーの新人営業マンが、ある日飛び込みで車メーカーを
訪ねた。もともと車が大好きで、車についての豊富な知識があった
ため、彼は自社のネジをうまく売り込むことができた。客にも喜ば
れた彼は、以来少しずつ得意先を広げた。そして社内で高い評価を
受け、充実した日々を送っている。
　いっぽう、同じネジメーカーで働くもうひとりの新人営業マンは、
毎日飛び込みの営業をしているが、これといった知識がなく、いつ

までたっても売り上げを上げることができなかった。どんなにまじめにがんばっても評価は低く、仕事のやりがいも感じられないまま、日々を過ごしていた。

　ふたりはどちらも新人営業マンです。肩書があるわけでも、特別な任務を請け負っているわけでもありません。でも、知識を持っているかいないかで、仕事における成果や日々の充実感が大きくちがってきました。

　ここで重要なのは、車好きの営業マンが持っていた知識がだれよりも豊富だったことです。もし彼の知識が当たり前のものだったら、それは武器にはなりませんでした。

　知識労働者は持っている知識が深ければ深いほど、またそれを効果的に使えば使うほど、大きな成果を生み出すことができます。そして、知識労働者のなかでも高い精度で成果を上げ続けることができる人のことを「プロフェッショナル」といいます。

　わたしたち知識労働者は、自分の持っている知識をより強い武器にし、プロフェッショナルになるために、その知識をみがき続けなければならないのです。

▶人とつながりながら知識をいかす

　知識労働者は、ほかの人が持っていないような深い知識を持つことが重要です。でもその知識が深くなればなるほど、それ単独では成果につなげにくいものになってしまうという側面も持っています。そこで必要になるのが、人が持っている知識と組み合わせて、成果につなげていくということです。

営業担当　技術担当　企画担当

成果を生む!!

　野球を思い浮かべてみてください。野球のチームは、すぐれた投手、すぐれた捕手、すぐれた打者など、それぞれにちがう能力を持つ選手が集まってこそ強くなれます。すぐれた投手がいても、捕手や打者と連携できなければ、強いチームにはなれません。

　知識も同じです。自分の知識を最大限にいかすには、まわりの人とコミュニケーションを取りうまく協力しなくてはならないのです。ここでいう「まわりの人」とは、あなたが属する会社や店、団体などの組織と、

そこで働く人たちのことです。

まわりの人とうまく連携することができれば、成果を上げる精度はますます高まっていくにちがいありません。

▶ プロフェッショナルになるための5つの能力

成果を上げ続けるプロフェッショナルになるためには、5つの能力を身につける必要があります。でも安心してください。**それらを身につけるのに特別な才能は必要ありません。ふだんから心がけて習慣にしていれば、だれにでも自然に身につけられるものばかりです。** ものがたりの老紳士が「だれにだって成果を上げることができる」といったのはそういう意味だったのです。

5つの能力、それはつぎのとおりです。

---

1 〈貢献〉を考える
2 〈強み〉をいかす
3 〈時間〉をコントロールする
4 いちばん重要なことに〈集中〉する
5 正しく〈意思決定〉し、実行する

ここにあげた5つの能力がいったいどんな意味を持つのか、いまはまだよく分からないかもしれません。でもこの本では、章ごとに能力を1つずつ、分かりやすく解説していきます。プロフェッショナルになることが人生を充実させることにつながる——その意味も、だんだん理解できるようになるはずです。

老紳士と出会ったその日の夜、青年は、彼に教わった5つのことをノートに書き出してみた。

> 1　〈貢献〉を考える
> 2　〈強み〉をいかす
> 3　〈時間〉をコントロールする
> 4　いちばん重要なことに〈集中〉する
> 5　正しく〈意思決定〉し、実行する

それから、彼が話してくれたことをじっくり思い出してみた。

社会の移り変わりや知識の重要性——そんなもの、いままで一度も意識したことはなかった。でもいわれてみれば、自分は幸運な時代に生きているのかもしれない。実際、なんのツテもなかったこのぼくが店長を任されているのだから。

成果を上げるための能力は、だれにでも手に入れることができる——本当だろうか。

でも、もしチャンスがあるのなら……。青年は、老紳士の言葉に強く興味をいだきはじめていた。

［序章　成果を生み出せる人になる］のポイント

POINT

☑ 現代は「知識社会」である

現代社会では、「ヒト・モノ・カネ」ではなく「知識」が大きな力を持つようになりました。この知識中心の社会を「知識社会」と呼びます。また、知識社会で成果を上げる人を「知識労働者」といいます。

☑ 知識で成果を上げ続ける「プロフェッショナル」

知識労働者のなかでも、高い精度で成果を上げ続けられるのが「プロフェッショナル」です。

☑ プロフェッショナルになるための5つの能力

つぎの５つの能力を身につければ、だれでもプロフェッショナルになることができます。

①〈貢献〉を考える
②〈強み〉をいかす
③〈時間〉をコントロールする
④いちばん重要なことに〈集中〉する
⑤正しく〈意思決定〉し、実行する

〈貢献〉を考える

青年、焦りを募らせる

　オーナーに呼び出されてからというもの、青年は新しい客に来てもらうためのアイデアをあれこれ考え続けていた。

　店に来たことがない人も、まずは気軽に店に来てもらいたい、店のことを知ってもらいたい。そんな思いから、料理人に価格を抑えた新しいメニューを提案してみたが、料理人は受け入れようとしない。

「そんないいかげんなもの、作りたくないね」

　彼は、自分のこだわりに合わないことは決してやろうとしてくれない。青年はため息をつくしかなかった。

　客席では、今日もウェイトレスが客を無愛想にあしらっている。青年が店長になったとき、新しく入ったスタッフだ。仕事の覚えは早いが、なにしろ愛想が悪すぎる。客から見たら、まるで

いやいや仕事をしているように見えるだろう。

　なにもかもうまくいかない……。成果とはほど遠い現実。青年はますます焦りを募らせた。

　あの老紳士は「成果を上げるための能力はだれにでも身につけられる」といっていた。本当かどうか分からないけれど、こうなったら話を聞いてみるしかない！

　翌朝、青年はあの日と同じ時間にカフェへ足を運んだ。すると案の定、老紳士はテラス席でコーヒーを飲んでいた。

「おはようございます」

「やあ、おはよう」

　彼は笑顔で隣の席を空けてくれた。青年はその席に座ると、せかすようにこういった。

「先日あなたは『成果を上げるための能力はだれにでも身につけられる』とおっしゃいました。ぼくにもできるでしょうか」

「ハハハ、もちろんだとも」

「それなら、ぜひ教えていただけませんか？　あの５つの能力の意味を。あのあと何度も考えてみたんですが、よく分からなくて……」

「ずいぶん焦っているようだね。まあ、落ち着いて」

「すみません。でもぼく、どうしたらいいのか……」

「わたしが役に立つのなら、喜んで力を貸すよ。そうだな、今日はまず、５つのうちの１つ目、『〈貢献〉を考える』について話そうか」

目の前の仕事から顔を上げ
貢献について考えよう

広い視野で成果について考える

　焦るばかりで仕事はうまくいかず、ため息をつく青年。こういうことは、真剣に仕事に向き合っている人なら、だれでも経験したことがあるのではないでしょうか。

　成果を上げようと焦ると、人はどうしても目先のことばかりにとらわれてしまいます。しかし、それではいつまでたっても状況はよくなりません。**もしあなたが本当に成果を上げたいと思うのなら、目の前の仕事から顔を上げ、世の中に目を向けてみることが大切です**。広い視野から、自分がどうすれば成果を上げられるのかを考えてみるのです。そうすることではじめて、自分がやるべきことが分かってくるはずです。

自分がどう貢献できるかを考える

　世の中に目を向けると、なぜ自分がやるべきことが分かるのでしょう。それは、目の前にある仕事を、自分が属している組織（会社・店など）、そして世の中とのつながりで考えることができるようになるからです。

　わたしたちの仕事は、組織を通して世の中に伝わり、世の中になんらかのプラスをもたらしています。ふだん忘れてしまいがちなこのつながりから仕事を考え直すことで、あなたという個人がやるべきこと、上げ

るべき成果を見つけることができるのです。

　個人、組織、世の中のつながりで仕事を考えたとき、あなたがやるべきこと、上げるべき成果とはいったいなんでしょう？　**それを知るにはまず、あなたが属している組織が世の中にどんな役割を果たそうとしているか、つまり世の中にどんな〈貢献〉をしようとしているかを理解することです。そのうえで、自分が組織に対してどう〈貢献〉できるかを考えるのです。**

　どんな組織も、世の中にあるさまざまなニーズに応えることで、利益を生み、成り立っています。そして、そこに属する個人も、組織のニーズに応えることではじめて、成果を上げることができるのです。

　このことを頭において、ものがたりを振り返ってみましょう。「がん

ばっているのに成果が上がらない」と焦る青年は、いまなにをすればよいのでしょうか。もうお分かりですね。まずは「レストランが世の中でどんな役割を果たすのか」を考え、それから「そのために自分はなにができるのか」を考えればいいのです。

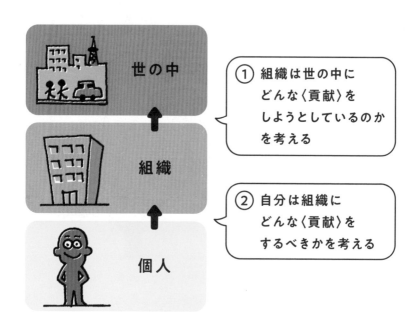

世の中

① 組織は世の中に
どんな〈貢献〉を
しようとしているのか
を考える

組織

② 自分は組織に
どんな〈貢献〉を
するべきかを考える

個人

「組織が世の中にどんな役割を果たそうとしているのか」を見極めておくことは、ひとりひとりがやるべきことをはっきりさせるために欠かせないのです。

▶わたしたち個人はどう貢献するか

ここまで読んで、みなさんは「自分はこんなふうに貢献しよう」とい

うものを具体的に思い描くことができたでしょうか。自信を持って「これだ」といえる人は、まだ少ないかもしれません。

そこで、わたしたち個人がどんなことをすれば組織に貢献できるか、もう少し具体的に掘り下げてみましょう。

じつは、どんな組織も共通して、そこに属する人たちに「やってほしい」と思っていることがあります。それが、下の図で示した3つです。

貢献1 直接的な成果を出してほしい

直接的な成果というのは売り上げや利益のこと。直接的な成果を出すというのは、つまり会社や店などの業績をアップさせるということです。

業績が上がれば、その組織は新しい事業を起こしたり、規模を大きく

したりすることができます。少々のピンチでは倒れにくくもなります。直接の成果を出すことは、組織の体力を保つことにつながるのです。

貢献2 組織の価値を高めてほしい

「価値を高める」というのはつまり、その組織の目的を明確にしたり、その目的により近づけたりするということです。

組織によってなにを価値とするかはまったくちがいます。ですから、価値を高める方法もさまざまです。安さが自慢の店なら、より安く売る方法を見つけ出すことで、価値を高めることができるかもしれません。客の満足度に価値をおく修理店なら、より高い技術を見つけ導入するという方法もあるでしょう。

こんなふうに、組織の目的に貢献することで、その価値を高めることができるのです。

貢献3　人材を育成してほしい

　組織が長く生き続けていくためには、つぎの世代の人材を育てなくてはいけません。

　つぎの世代は、それまでの世代が作ってきたものを土台にして、その上に新しいものを積み上げていきます。そうやって変化していくことでのみ、組織は生き残っていくことができるのです。

　ですから、柔軟な発想力を持って組織を変革していける、そんな人を育てることが望まれます。

　この３つが、組織が個人に求めている貢献です。いかがですか？　自分がどんな役割を果たせそうか、見えてきたのではないでしょうか。

▶努力の方向をまちがえてはいけない

　もしもあなたが「組織が世の中にどんな貢献をしようとしているのか」という部分を見あやまってしまったら、いくら努力しても、成果を上げることは難しいでしょう。「一生懸命働いているのに空回りばかりだ」とか「努力がなかなか評価につながらないな」と感じているのなら、一度立ち止まって考えてみてください。あなたは、組織が世の中にどんな貢献をしようとしているのか、正しく理解できているでしょうか？　あなたの努力は、組織の求めるものとずれていませんか？

ある女性が転職をした。転職先は、格安の海外旅行ツアーを提供することで「気軽に海外旅行へ行きたい」という世の中のニーズに応えてきた会社だった。

　ところが彼女は、転職するまでハイクラス向けツアーを扱う旅行会社に勤めていた経験から、多少高くてもホスピタリティの充実したツアーのほうが価値があると考えていた。そして毎日、ハイクラス向けの情報収集に力を注いでいた。

　上司から新しいツアー企画を求められたとき、彼女はこれまでに集めた情報をフル活用していくつも企画を練った。しかし、提出した企画は１本も通らなかった。彼女の努力はムダになってしまった。

　この例で登場する女性は、いまいる会社が世の中で果たしている役割を理解しようとせず、過去の成功体験にとらわれたまま努力を続け、結局は失敗してしまいました。

　ここからも分かるとおり、**大事なのはただ努力することではありません。組織の役割を理解し、そこに貢献することで、大きな成果につなげなくてはならないのです。**

貢献が生み出す そのほかのプラス効果

▶ 人間関係がスムーズになる

　貢献を考えることは、成果につながるだけでなく、ほかにもさまざまなプラス効果をもたらします。1つは「人間関係がスムーズになる」という効果です。

　仕事をするうえで人間関係に悩む人は少なくありません。でも、プライベートとはちがい、仕事上の人間関係は意外とシンプルです。**同じ組織で働いているのであれば、きっと共通のゴールがあるはずです。その共通のゴールを見つけ、みんなで同じ方向へ進んでいけば、おのずと足並みがそろい、関係もスムーズになっていくでしょう。**

　もちろん人間同士のことですから、気が合う・合わないとか、好き・嫌いはあるかもしれません。でも同じ方向へ進めているのなら、そんなことは気にしなくていいのです。

▶ 自発的に人が育っていく

　また、「人が育つ」というプラス効果もあります。**「自分がどう貢献するか」を考えること、それはすなわち「自分のどんな知識や能力をみがけばいいか」を考えることでもあります。これは自発的に成長すること**にほかなりません。

例えば新しい商品を生み出すのが自分の貢献だと考える人がいたら、その人は「もっと企画力をみがきたい」と思うでしょう。客により多くの商品を買ってもらうのが自分の役割だと考える人は、「もっと商品知識を深めたい」「接客マナーをみがきたい」と思うのではないでしょうか。こんなふうにして、ひとりひとりがおのずと「成長しよう」という意識を高めることができるのです。

　成長しようとする人がいれば、まわりもよい刺激を受け、自分も成長しようと思うでしょう。こうして、人が育つ好循環が生まれます。

　貢献を考える——それは、ひとりひとりの努力を確実に成果に結びつけてくれます。そしてさらに、人間関係をスムーズにしたり、人が育ったりすることにもつながっていくのです。

〚 貢献を考える 〛

組織の貢献、
個人の貢献…

UP

成果に
つながる！

人間関係が
スムーズに！

自分を成長
させられる！

　その日、青年は店で客と接しながら、自分が初めて客として店に来たときのことを思い出していた。

　この街で勤め人として働きはじめたばかりのころ、職場の先輩に連れてきてもらったのだ。

　目が回るほど忙しい日々だったけれど、この店ではほっと安らぐことができた。まわりの客も同じようにくつろいでいて、その様子がまた、自分の心を満たしてくれた。

　ほどなくして青年がこの店で働くようになったのは、自分もそんな場所を作れるようになりたいと思ったからだった。いつの間にか、そんな気持ちは忘れていた。

「このレストランは世の中でどんな役割を果たすべきか。——そうだ、この街で忙しく働く人々に、食事を通して"ほっと安らげる場所"を提供する。それがこの店の役割だ！　それならぼくの役割は、その大事な場所をしっかり作ること。具体的な方法はまだ分からないけれど」

青年は、目の前のモヤがパッと晴れたような気がした。
「さっそく店のみんなに伝えよう。これでみんなとの関係もよくなるかもしれないぞ！」

［第１章〈貢献〉を考える］
のポイント

☑ 2種類の貢献について考える

　成果を上げるためには、「組織が世の中にどう貢献するか」「個人が組織にどう貢献するか」という、２つの貢献について考えなくてはいけません。

☑ 自分が組織に対してできることを考える

　どんな組織でも求めているのは「直接的な成果を出す」「組織の価値を高める」「人材を育てる」ということです。自分の果たす役割を考えるときのヒントにしましょう。

☑ 貢献を考えることでプラス効果がある

　貢献を考えることは、成果につながる以外にも、人間関係がスムーズになる、人が自発的に育っていくなどのプラス効果があります。

第 2 章

〈強み〉をいかす

青年、料理人とぶつかる

　それは、青年が店の役割についてみんなに話してから、しばらくたったある日のことだった。

「店長、ちょっとこれを見てほしいんだ」

　料理人が意気揚々と紙の束を青年にわたしてきた。そこには凝りに凝ったメニューがいくつも書かれていた。これをメニューに追加したいという。

　青年の思いを理解してくれたからこそ、彼はこのメニューを考えてくれたのだろう。

　その気持ちは青年にもよく分かった。料理人が見せたのは、どんな高級店にも負けないようなメニューだ。彼ならそれを作る腕もある。でも……

「どれも手間のかかる料理ばかりですね。これをひとりで作るなんてムチャですよ。それに、こんな高級食材をそろえられません。もう一度べつのメニューを……」

　青年がそういうと、料理人は声を荒げた。

「なんだと！　オレがせっかく考えてやった料理が気に入らないっていうのか？　そんなこといっているから、客が減るんだ！」

「だからって、こんなムチャなメニューを出せるわけがないでしょう！」

　青年は、思わずむきになっていい返した。料理人は「話にならない」といって調理場へ引っ込んでしまった。

　プライドが高くて、自分の理想を押しつける。意見が合わないと相手の話を聞こうとしない——青年は、料理人のそんな性格に嫌気が差していた。

「もううんざりですよ」
　翌朝、青年はまたいつものカフェにいた。隣の席で老紳士が話を聞いている。
「店の役割を決めたまではよかったのに、今度は従業員との関係が悪くなってしまった。ぼくはいったいどうすれば……」
　頭を抱える青年の姿を見て、老紳士はいった。
「もしかしたら、きみたちはおたがいのよさに気づいていないんじゃないかね？」
「おたがいの？」
「そう。自分の強みと相手の強み。成果を上げるためには、その強みをいかさなくちゃいけない。さあ、今日は強みについて話そう。」
　青年は背筋を伸ばして、老紳士の話に耳を傾けた。

強みをいかして
大きな成果を生む

▶強みからしか大きな成果は生まれない

　青年は、老紳士の投げかけた〈**強み**〉という言葉に、なにかヒントがありそうだと感じているようです。

　老紳士のいうとおり、**成果を上げるには自分の強みや相手の強みを見つけ、いかすことが大切です。それぞれに強みを持った人が集まり力を合わせることで、より大きな成果を生み出すことができるからです。**

　では、強みとはなんでしょう。それは、みなさんが「これならだれよりも得意！」「ほかの人よりも簡単にできる」といえるものです。**成果はいつもその強みから生まれます。**強みを使い、精一杯努力する。そうしてはじめて人並み以上の成果を生み出すことができるのです。

▶弱みを克服する必要はない

　人はどうしても、強みをいかすことよりも弱みを克服することに力を注いでしまいがちです。それは、こどものころから苦手や弱点はなくしてほかの人と同じようにできたほうがよい、そう教えられてきたからです。実際に、苦手な1科目が足を引っぱって、バランスよく点数を取れる人にテストで負けてしまった、学生時代にそんな苦い経験をした人もいるのではないでしょうか。

　でも、成果を上げるには、いつまでもこの考え方ではいけません。**なぜなら、努力して弱みを克服できたとしても、生み出せるのはせいぜいだれにでも出せる小さな成果でしかないからです。**

　園芸店で働くある青年は、花を育てるのは得意だったが、花の知識量には自信がなかった。苦手を克服するため、彼は人の何倍もの時間をかけて人並みの知識を身につけた。そのかわり、花を育てる時間が減ってしまった。

　いっぽう、彼の同僚の女性は、育てるのは苦手だったが、知識は人一倍多く持っていた。彼女は苦手なことは気にせずさらに花の知識を増やし続け、しばらくするとだれにも負けない知識量を持つようになった。

　店には女性を信頼する客が集まるようになり、この園芸店は大きく売り上げを伸ばすことになった。

　青年は、苦手を克服することに努力しました。そして花についてひととおりの知識は身につけることができました。でも花を育てる時間が減

り、彼の持ち味が消えてしまいました。

いっぽう同僚の女性は、苦手なことは気にもとめず、得意なことを努力し続けました。その結果、大きく店に貢献できるようになりました。

この例でも分かるとおり、**標準的なだれかになることに意味はありません。大きな成果を出すためには、「これならだれにも負けない！」という強みを１つ作ることのほうが重要なのです。**同じ努力をするなら、弱みを克服するのではなく、強みをみがくほうに力を注がなくてはいけません。

▶「好き嫌い」にとらわれてはいけない

強みを見つけよう——そういわれると、ほとんどの人が「自分の強みなら分かっている」と思うのではないでしょうか。ところが、自分で思い込んでいる強みは意外とまちがっていることが多いものです。

よくあるのが、好きなことを強みと勘ちがいしてしまうケースです。「好きかどうか」と「それが自分の強みかどうか」は、区別して考えなくてはいけません。

強みを使っているはずなのに、思うようにいかない。そんなときは、

本当にそれがあなたの強みかどうか、考え直してみてください。自分が強みだと思っていることよりも、人によく頼まれることや、思っていたよりよい結果を出せることのほうが、本当の強みかもしれません。好き嫌いにとらわれないで、客観的に自分を見てみることが大事なのです。

　こどものころから音楽が大好きだったある女性。ピアノの腕も学年でいちばんだった。ところが、音楽大学に進学し、アルバイトでピアノ教室の教師をやるうちに、こんなことに気がついた。
「わたしの演奏は思っていたほど評価されない。でも、アルバイト先のピアノ教室ではみんなわたしのレッスンを楽しみにしていてくれる。どうも自分は、演奏よりも教えるほうが得意なようだ」
　彼女は思いきって進路変更を決意。卒業後はピアノ教室を立ち上げると、優秀なピアニストを何人も世に送り出した。

　この女性は、好きと強みを区別することで、のちに成功することができました。でも、もしも「好き」にこだわって演奏家をめざし続けていたら、大きな成果にはつながらなかったでしょう。

フィードバック分析で
強みを見つけよう

▶ フィードバック分析で強みを見つける

　自分の強みを見つけるのは意外と難しいものです。そこでぜひ試してもらいたい方法があります。それが「**フィードバック分析**」です。

　フィードバック分析とは、自分の活動の結果を分析し、分かったことをつぎの活動へとフィードバックしていくもので、あなたの強みを見つけるのに役立ちます。

　まずは48ページを見てください。フィードバック分析の方法を4ステップにまとめました。

　ステップ3で「目標よりもうまくやれた」「一生懸命取り組めた」と思えたことが、あなたの強みです。そして、強みを育てていくために大切なのが、ステップ4で示したポイントです。これについて、もう少しくわしく説明しましょう。

なにに集中するべきか

　あなたが集中するべきことは、自分の強みをいかせる活動です。うまくやれたことや一生懸命取り組めたことに、できるだけたくさんの時間とエネルギーを使うこと。そうすることで、強みはより強力な武器になり、より大きな成果を生み出せるようになります。

なにを勉強するべきか

　強みをより強いものにするために、より深く学び、経験を積んでいきましょう。そうすることで、強みはだれにも負けないあなたの「専門分野」になり、自分の価値も高まっていきます。また、自分の強みを育てるのに役立ちそうなら、自分の専門外のことでも積極的に触れていくことが大切です。

なにを改善するべきか

　目標と結果を比較することで、自分の欠点や改善できる生活習慣なども見えてきたのではないでしょうか。例えば「ひとりで抱え込みすぎてしまった」とか、「空いた時間をもっと効率的に使えばよかった」とか。思い当たることがあれば、意識的に改善していきましょう。

　フィードバック分析とは、自分の活動を客観的に分析し、その結果を未来の活動へいかしていくことです。そして、**フィードバック分析をくり返すうちに、あなたの強みはだれにも負けないあなたの本当の強みに育っていきます。**自分自身をしっかりマネジメントして、成長を続けていきましょう。

［ フィードバック分析 ］

STEP 1 目標を決める

これから取り組む活動について、
「なにを」「いつまでに」したいのか
という具体的な目標を書きとめる。

STEP 2 実行する

目標に向かって実際に取り組む。

STEP 4

つぎの目標を決める

STEP3で分かったことをいかして、
つぎの目標を決める。
そのとき、以下のことを考える。

- なにに集中するべきか
- なにを勉強するべきか
- なにを改善するべきか

STEP 3

目標と結果を比較する

一定期間が過ぎたら、ステップ1で
決めた目標と、実際の結果を比較する。
そのとき、以下の2つを基準にする。

(A) 目標どおり、またはそれ以上に
　　うまくいったかどうか
(B) 一生懸命取り組めたかどうか

人の強みをいかして
組織を強くする

すべての人の強みをいかそう

　弱みにとらわれず、強みをいかす。これは自分の強みだけでなく、人の強みにも同じことがいえます。相手の弱みにとらわれて、その人の強みに目を向けない。これでは成果を上げることは難しくなります。**なぜなら、成果は自分の強みとまわりの人の強みを組み合わせることで生み出しやすくなるからです。**

　組織のなかで人事を行うとき、「彼は優秀だけどこの点がすごく弱いから、今回の昇進は見送ろう」というように、弱みを考慮して配置を決めてしまうことがよくあります。でも、これでは、だれもが弱みを克服することに気を取られてしまい、強みをいかした最高のパフォーマンスを発揮することができなくなってしまいます。

　自分の弱みはもちろん、人の弱みにも、とらわれてはいけません。弱みはおたがいに補い合う。そう考えて、それぞれの強みを集めていきましょう。 そうすれば、組織はすぐれたものになり、おのずと成果も上がっていくはずです。

▶ すぐれた組織に特別な才能はいらない

　すぐれた組織はそれぞれの強みが集まってできている——これはまちがいありません。**だからといって、特別な才能を持った人ばかりを集める必要はありません。それよりも、そこにいるふつうの人たちが強みをのびのびと発揮できる組織にするほうが重要です。**

　組織作りをするときには、いまいるふつうの人たちの強みを最大限に引き出す、そのことを大切にしてください。そのときのポイントは、つぎの2つです。

組織をむりなく設計する

　まずは実現できる組織設計をすること。組織図のうえではうまくいきそうに見えても、人がつぎつぎに失敗するポジションがあれば、設計を見直す必要があるかもしれません。

その人に合ったレベル・量の仕事にする

　ひとりひとりの力量を正しく把握し、こなせる量・レベルの仕事を任せましょう。とはいえ、簡単すぎる仕事ではその人が強みを発揮する機会も減ってしまいます。その人が強みをいかすにはどのポジションがいいか、どんなレベル・量で仕事を担当させるのがふさわしいかを見極めることも重要です。

　さて、ものがたりの青年は、老紳士に強みについて教わったあと、料理人の強みをうまく見つけることができたのでしょうか。

story

青年は料理人の強みについて考えてみた。

彼は頑固だが、それはこだわりと情熱があるからだ。腕もまちがいなく街いちばんだ。情熱と確かな腕。それが彼の強みだ。

ある日、青年はオーナーに聞いてみた。

「彼には料理に対する情熱と確かな腕があります。そのよさをいかしてもらうにはどうしたらいいんでしょう」

「ハハハ。きみはやっぱり、人のいいところを見つけるのがうまいなあ。彼は人一倍頑固で、なかなかよさを理解してもらえないからね。さすが、わたしの見込んだ店長だ。きみならきっと、いい方法を見つけられるさ」

それは、青年にとって思いがけない言葉だった。うまく見つけられないでいた自分の強みや役割が、少し見えてきたような気がした。

［第2章　〈強み〉をいかす］
のポイント

☑ **自分の強みを見つける**

　大きな成果は、弱みからは生まれません。強みを見つけいかすことではじめて、成果を上げることができます。

☑ **人の強みをいかす**

　自分の強みだけでなく、人の強みをいかすことも大切です。とくに組織を作るときには、特別な才能を持った人を集めるのではなく、ふつうの人がそれぞれに強みをいかせるようにしましょう。

第 3 章

〈時間〉を
コントロールする

青年、時間に追われる

　青年は、オーナーにいわれたひと言で明るさを取りもどすと、あらためて料理人に話しかけてみた。

「ぼくは、あなたが街いちばんの料理人だと思っています。そんなあなたのいちばん好きな料理はなんですか？」

　料理人はまんざらでもない様子で答えた。

「オレの好物か？　そりゃあおふくろがよく作ってくれた赤ワイン煮だな。なんてこたあない肉と野菜のごった煮なんだが、我が家特製のスープを使うんだ」

「それだ！」

　彼が「いちばん」と太鼓判を押すなら、味はまちがいない。家庭の味だから"ほっと安らげる"という店の方向性にもぴったりだ。予算も手間も押さえられるうえ、だれにも真似できないメニューになる！

「その赤ワイン煮、あなたにも作れますか？」

「もちろん、しょっちゅう作ってるよ」

「それを新メニューにしましょう！」

　青年はこのメニューを「シェフ特製牛肉の赤ワイン煮込み」と名づけ、さっそく看板メニューにした。するとそのメニューは街の評判になった。

　客が増え、売り上げは徐々に上向きはじめた。青年は、心から料理人に感謝した。

「あなたの料理はだれにも負けない最高の味です！」

「最高？　いや、まだまださ。いつだって、明日作るものがオレの最高傑作なんだ」

　売り上げが伸びると、青年はいままでになく忙しくなった。とくに書類の整理やお金の管理などの事務仕事には手を焼くようになっていた。

　その日も書類の山と向き合っていると、いつの間にか朝になっていた。青年はコーヒーを飲みにカフェへ出かけた。

　いつもの席に、老紳士はいた。

「どうだい？　その後の調子は」

「おかげさまで、売り上げが少し上向いてきました。なんとか持ちこたえられそうです」

「それはよかった。でも、疲れているみたいだね」

「ええ、寝る間もなくて……」

「それは大変だ。そろそろつぎのステップに進んでみるかね？」

「つぎのステップ……確か、『〈時間〉をコントロールする』でしたね」

「そのとおり。やらなくちゃいけないことはいくらでもある。だからこそ時間をコントロールしなくてはね」

　老紳士は、いつものおだやかな笑顔で話しはじめた。

いま自分はどのように
時間を使っているのか

▶時間だけが、替えの利かない資源

　ものがたりの青年はずいぶん時間に追われているようですね。仕事が
うまく回りはじめたものの、今度は時間がたりない——これは現代に生
きるわたしたちがいつも悩まされる問題です。

　〈**時間**〉、それはだれにでも平等の資源です。お金をたくさん持って
いる人もそうでない人も、忙しい人もひまを持てあましている人も、1
日に使えるのは 24 時間。お金のように貯めたり借りたりはできないし、
モノのように譲ってもらったり、人のように雇ったりもできません。**つ
まり、時間だけが、替えの利かない資源なのです。**

　成果を上げることのできる人はつねにこのことを意識しています。そ

して、「自分の持っている時間のなかで、成果を最大化するにはどうするべきか」を考えます。

▶ こま切れの時間を大きなかたまりにする

限りある時間で成果を最大化するために、わたしたちはなにをすればよいのでしょうか。答えは「時間を大きなかたまりにする」ということです。

仕事の企画書を作るときには、まとまった時間を取り、じっくりと考えを深めてアイデアを整理することが必要です。また、だれかに仕事を頼もうと思ったら、「なにをしてもらいたいか」「その目的はなにか」ということを、時間をかけて理解してもらう必要があります。どちらも、60分のまとまった時間があればできるかもしれませんが、10分のこま切れの時間が6つあってもできないでしょう。

成果につながる仕事をするためには、こんなふうに、1つの仕事に集中できるだけのまとまった時間が必要なのです。

まとまった時間は、ただ待っていても、向こうからやってきてくれるわけではありません。こま切れの時間を集めて、自分の意思で大きなかたまりにする必要があります。そして、大きなかたまりにした時間は、その場その場で生まれる用事に奪われてしまわないように、しっかり守らなくてはいけません。

▶時間の使い方を徹底的に調べる

　大きなかたまりの時間を作るために、あなたがまずすべきことはなんでしょうか？　それは、時間を浪費している「ムダな活動」を見つけることです。

　みなさんは、自分がなににどれくらいの時間をかけているかを知っていますか？　「それくらいのことは分かっている」と思うかもしれません。でも、自分の時間の使い方を正しく把握できている人は少なく、「スケジュール管理には自信がある！」といっている人でさえ、無意識に時間を浪費してしまっていることがよくあります。

　だからこそ、まずは自分がどんなふうに時間を使っているかを徹底的に調べましょう。行動を記録するのです。

　記録するときは、30分を基本にして、できるだけ細かく、リアルタイムで記録するのがコツです。「めんどくさいな」と感じるかもしれませんが、そのちょっとした手間が、あとでこま切れの時間を見つけるのに大いに役立ちます。

　記録する道具は、スケジュール帳でもスマートフォンでも、あなたの使いやすいものでかまいません。大切なのは、リアルタイムでその都度記録を取ることと、それを3〜4週間続けることです。きっと、いまま

で見えていなかったムダな活動が見えてきます。

　ある男性は、行動記録をつけてみて驚いた。勤務時間のうちの多くを、その場その場の電話やメールに対応することに使ってしまっていたのだ。さらに会議や接待にも膨大な時間が割かれていることも分かった。

　営業部長である彼のいちばん大事な仕事は、報告書や必要なデータに目を通し、効果的な営業戦略を練ることだ。ところがこれには、1週間のうちのたった数時間しか割くことができていない。

　彼は慌てて時間の使い方を見直しはじめた。

こんなに時間をムダにしている！

時間を浪費している ムダな活動を整理しよう

▶ ムダかムダでないかを見極める

さて、ここで問題になってくるのが、時間を使っているその活動がムダかムダでないかの見分け方です。**かたまりの時間を作るには、ムダな活動をしっかり見極め、取り除くことが大切です。**ムダを見極めるポイントは、下図の3つがあります。順番にくわしく見ていきましょう。

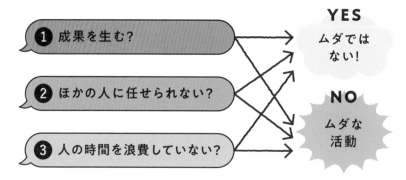

❶ 成果を生むかどうか

する必要のないこと、つまりなんの成果にもつながらないことは、当然ムダな活動です。例えば慣習的に行っているだけのミーティングや、自分の強みの追求にもリフレッシュにもならない活動などは、すぐに取り除きましょう。

また、すでにやりはじめてしまったことでも、成果につながらないと

分かったら、思いきって手放すことが大切です。「いままでに使った時間がもったいない」という気持ちに引っ張られず、つねに「やっていないとしたら、いまからでもそれを始めるだろうか？」と問いかけ、その活動が成果につながるかどうかを、正しく見極めてください。

　電機メーカーに勤める男性は、新製品の研究を始めた。時間とエネルギー、そして莫大な費用を注ぎ込み、研究を進めて半年がたったころ、彼はこんな事実を知らされた。
「ライバル社が、うちより高性能の新製品を出すことに決めたらしい。自社の研究がうまくいっても、ライバル社の新製品にかなう可能性は低いだろう」
　彼はこれまでの努力を思うと、最後まであきらめたくない気持ちでいっぱいだった。でもこう考えた。
「いまからでもこの研究を始めるだろうか？　いや、ライバル社のことを知ったいまとなっては、もっとほかの研究に時間とエネルギーを注ぐべきだ」
　こうして男性は、さらに１年後、新しい研究分野で業界初の新製品を発表。ライバル社の業績を超える大きな成果を上げることに成功した。

❷ ほかの人に任せられないかどうか

　いま抱えている仕事のうち、自分がやらなくてもいいこと、ほかの人に任せられることはないでしょうか。自分がやるべきことを人に任せるのは、まちがった判断です。でも、自分がやるべきことのために、そうでない仕事を人に任せるのは、成果を上げるために必要なことなのです。

❸ 人の時間を浪費していないかどうか

　最後に見極めるのは「人の時間を浪費している活動」です。だれかのためによかれと思ってやっていることがじつは相手の時間を奪っていた、というのはよくあります。しかもこれは相手だけではなく、自分の時間も浪費していることになります。

　「人の時間を浪費している活動」は、自分で気づくのは難しいものです。そこで、定期的に「わたしはあなたの時間を浪費していませんか？」と聞くようにしましょう。

　シンプルなコミュニケーションですが、これはおたがいのムダを取り除くだけでなく、おたがいの信頼関係を深めることにもつながります。

◗ 空いた時間をひとかたまりにする

　成果を生まない活動を続けること、ほかの人に任せられること、人の時間を浪費すること。これらは取り除くことができるムダな活動です。すぐにでもやめましょう。そうして空いた時間を寄せ集めて、大きなかたまりにしてください。

　そして大きなかたまりにした時間は、その場その場で降りかかってく

るこまごまとした仕事に奪われてはいけません。場所を変えたり「○時までは声をかけないでほしい」とまわりに伝えたりしてしっかり守り、成果につながるような大事な仕事に取りかかりましょう。

組織の構造を見直して、ムダな活動を取り除く

▶4つのポイントで見直そう

あなたがムダな活動を整理していると、きっと個人レベルではどうにもならない問題にぶつかることがあるでしょう。**それは、もしかしたら組織の構造が原因になっているものかもしれません。もしそうであれば、それを見直すしかありません。**

組織の構造がムダな活動を引き起こしているかどうかを見極めるポイントは、つぎの4つがあります。

❶ ムダが生まれやすいシステムになっていないかどうか
❷ 人が多すぎないかどうか
❸ 会議が多すぎないかどうか
❹ 情報が適切に伝わっているかどうか

❶ ムダが生まれやすいシステムになっていないかどうか

ここでいうシステムとは決まった手順やルーティンのこと。もしも同

じようなトラブルやミスがくり返し起こり、その対応に時間を割いているようなら、それは個人の能力や注意力ではなく、システムの問題かもしれません。トラブルのたびに対応に追われていては、関わる人全員の時間を何度も浪費することになってしまいます。システムを見直す必要があります。

❷ 人が多すぎないかどうか

　人が少ないことを問題視する人はいますが、人が多すぎることを問題視する人はあまりいません。でも、協力関係を作るのに時間がかかったり、人間関係が複雑化してしまったりと、人が多すぎることで生まれる問題は案外多いものです。

　もしもあなたが人間関係の調整に勤務時間の1割以上を割いているようなら、人を減らして、組織全体をスマート化することを考えましょう。

❸ 会議が多すぎないかどうか

　会議というのはもともと、仕事をするために必要な情報を補うためのものです。ところが「会議続きで仕事をする時間がたりない」という人が少なくありません。これは、そもそも組織の構造に欠陥があるからではないでしょうか。

　仕事の時間のうち4分の1以上が会議に使われているようであれば、構造の改善が必要です。とくに、必要以上に仕事が細分化されていないか、責任が分散されすぎていないかをチェックしてください。

❹ 情報が適切に伝わっているか

　情報が適切なタイミングで適切な人に届かないと、大きな時間の浪費につながります。

　その日あるミーティングに出るはずだった男性。ところが体調をくずしてしまい、会社を欠勤した。

　ミーティングの進行役はこのことを知らされておらず、男性の到着を待ってミーティングの始まりを遅らせた。男性と同じ部署の同

僚は、それに気づくと、男性が欠席していることを知らせた。

　進行役が男性の欠席を知らされたのは、開始予定時刻の30分後。このせいで、出席者10人分の30分が浪費されてしまった。

　欠席者が出た場合はそのことがミーティングの進行役にも報告されるように事前に取り決めができていれば、10人×30分という貴重な時間を浪費せずにすみました。

　みなさんも「どの情報が・いつまでに・だれに」伝わらなくてはいけないのかを、あらためて見直してみてください。時間のムダを取り除けるかもしれません。

　さて、ものがたりの青年はいったいどんなふうに、時間を整理したのでしょうか。様子を見てみましょう。

Story

　青年は老紳士のアドバイスどおり、時間を記録してみた。すると、苦手な事務作業が大きな負担になっていた。日々のミーティングや食材の発注も、1回1回は小さな作業だが、まとめると大きな時間になりそうだ。

　そこで、こまごました書類整理や電話対応などはできるだけウェ

イトレスに手伝ってもらうことにした。食材の発注は専用の伝票を作って効率化し、朝礼も月1回に改めた。

たった3人の店だ、必要なことは個別に話せばことたりた。

青年は少しずつ、時間をコントロールできるようになっていった。

▶時間をコントロールし続けよう

ここまで読んで、みなさんもまとまった時間を作ることができたでしょうか。

時間は替えの利かない資源。**成果を上げるには、うまく時間をコントロールできるようにならなくてはいけません。そしてそれは、時間を分析しムダを取り除いていくということのくり返しで、だれでもできるようになるのです。**行動の記録は年に2回ほどのペースで行い、自分の時間の使い方を定期的に見直していきましょう。

ぜひあなたも、上手に時間を使いこなしてください。

［第3章〈時間〉をコントロールする］
のポイント

☑ 時間をコントロールする

時間は替えの利かない資源。成果を上げるためには、時間をうまく使えるようにならなくてはいけません。

☑ 時間を大きなかたまりにする

時間をうまく使うには、まずこま切れの時間を大きなかたまりにすること。そのためには行動を記録するなどしてムダな活動を取り除き、空いた時間を1つにまとめましょう。

☑ 時間を浪費しているムダな活動の見分け方

その活動がムダかムダでないかは、以下の3つのポイントで見極めましょう。

①成果を生むかどうか

②ほかの人に任せられないかどうか

③人の時間を浪費していないかどうか

☑ 組織でムダな活動を取り除く

個人レベルで解決できない問題は、組織レベルで取り組むことで、時間の浪費を減らすことができます。

第4章

いちばん重要なことに〈集中〉する

青年、やるべき仕事に集中できない

　青年は時間の使い方が少しずつうまくなり、以前のように眠る時間をけずるようなことはなくなった。

　また、新しい発見もあった。ウェイトレスに仕事を手伝ってもらったことで、彼女の得意なことが見えてきたのだ。

　彼女の書類は読みやすいし、計算まちがいもない。しかもスピードも速い。

　これまで青年には、彼女の無愛想な態度ばかりが目についた。そんな弱みに気を取られて、彼女の強みに気づくことができなかったのだ。

「店長、悪いけどちょっと味見してくれないか」

「分かりました！」

「店長、あのテーブルのお会計お願いします！」

　とはいえ、仕事は青年を追いかけてくる。いまも、接客から裏方のちょっとした雑用まで、やらなくてはいけない仕事でてんてこまいだ。

「本当はもっと、ひとりひとりのお客様とゆっくり言葉を交わしたり、店内の装飾に手をかけたりして、店の居心地をよくしたいのに……」

　青年は、そんなジレンマを感じはじめていた。

「いらっしゃいませ！」

　また、新しい客が入ってきた。青年が客を案内しようとすると、それは老紳士だった。

「やあ。しばらく顔を見ないので、来てしまったよ。ずいぶん繁盛しているね」

「おかげさまで。でも、本当にやりたいことには、まだ取り組めていなくて……」

「ふうむ。そろそろ新しいことを教えたほうがよさそうだね」

「つぎは確か……」

「『いちばん重要なことに〈集中〉する』。だれだって一度に集中できるのは１つだけだからね」

「集中できるのは、１つだけ……」

「いやいや、いまはわたしを席に通してくれないかい？」

老紳士はいたずらっぽくいった。

「またカフェで会おうじゃないか」

青年は、老紳士を席に案内すると仕事に戻っていった。でも、頭のなかでは何度も老紳士の言葉をくり返していた。明日の朝が楽しみでたまらなかった。

「いちばん最初に」「1つだけ」に集中する

▶いちばん重要なことを「いちばん最初に」

　ものがたりの青年は、「やるべき仕事がまだ十分できていない」とジレンマを抱えているようですね。どんなに仕事を整理しても、時間の使い方を工夫しても、やるべきことがつぎからつぎへと追いかけてくる。そしてなかなか自分の強みをいかすことができない——これは、忙しく働いていると突き当たってしまう壁です。

　そんな壁を乗り越えるために必要なこと、それは〈**集中**〉です。

　成果を生むためにやらなくてはいけないことは多く、いっぽうでそれに割り当てられる時間はとても少ない——そんな状況のなかで、わたしたちは自分の強みをいかし、最大限の成果を上げなくてはいけません。そのためには、いちばん重要なことに「いちばん最初に」集中しなくて

はいけないのです。

　みなさんはこの話を当たり前のように思うでしょうか。でも、実際に
それを実行に移すのはとても難しいものです。

　例えば、仕事をするときに、「手をつけやすいこと」「急ぎのこと」か
ら取りかかり、結局いちばん重要なことができなかった。そんな話はよ
くあるものです。しかし、これではいつまでたっても成果を上げること
はできません。

　**成果を上げるために大切なこと、それは集中です。そして、集中とは
いちばん重要なことを「いちばん最初に」やるということなのです。**

▶ 一度に集中できるのは「１つだけ」

　**そしてもう１つ、集中について覚えておくべきことがあります。それ
は一度に集中できるのは「１つだけ」ということです。**

　重要なことというのは、片手間でできるものではありません。しっか
り成果に結びつけるには、１つのことに十分な時間をかけて、強みを最
大限にいかして取り組む必要があります。

ところが多くの人は、成果を急ぐあまり、かかる時間を少なく見積もり、しかも複数のことを同時にこなそうとします。これではどれも中途半端に終わってしまい、成果にはつながりません。

いちばん重要なことを「いちばん最初に」「1つだけ」。この2つの条件が組み合わさってはじめて、成果につながる本当の集中といえるのです。

ある新人弁護士は、同時に3つの依頼を受けたとき「みんなの期待に応えたい」と考えすべてを引き受けた。どの仕事にも一生懸命取り組んだが、かけられる時間は限られている。結局はどれも満足な結果を出すことができなかった。そんなことをくり返すうちに、依頼を受けることも減っていった。

いっぽう、あるベテラン弁護士は、同じ時期に3つの依頼を受けた。彼女は一度にすべてをこなすことはできないと考え、自分の得意分野をいかせる1つの依頼だけを引き受けることにした。1つの仕事に集中して取り組んだ結果、まわりの想像以上の成果を出すことができた。

集中するための
具体的な2つの方法

▶古くなった仕事は捨てる

　いちばん重要なことに「いちばん最初に」「1つだけ」集中する──そういわれても、具体的にどうすればいいか、とまどってしまう人も多いかもしれません。そこで、集中するための2つの方法を紹介します。

　その1つ目は「古くなった仕事は捨てる」ということです。

　やりかけになっている仕事というのは、なかなかやめどきを見つけられないものです。「結果が出るまでは」と粘りたい気持ちや、これまでかけてきた時間やコストを回収したいという思いもあるでしょう。

　でも、ある程度の期間やってみて「成果につながりそうもないな」と分かったなら、それはもはや古くなった仕事です。もう重要ではなくなったのです。いさぎよく手放すようにしてください。

　また、これまで成果を上げてきたやり方が、時間がたつにつれて古びてしまい、いまは成果につながらなくなっている場合もあります。わたしたちは手に入れた成功に執着してしまいがちですが、こんな時にも過去を引きずらずにいさぎよく手放してください。

　古くなった仕事は捨てる。これは集中するためにとても大切なことなのです。

▶ 優先順位ではなく「劣後順位」を決める

　集中するための方法、２つ目は「**劣後順位を決める**」ということです。「劣後順位」という言葉はあまり聞きなれないかもしれませんが、「やらないことの順番」ということです。**みなさんは集中しようとすると優先順位、つまり「やること」を決めようとしがちです。ですが、成果を上げるための集中には、まずこの劣後順位を決めることがとても大切です。**

　劣後順位を決めるのは、けっして簡単ではありません。

　優先順位のように「やることの順番」を決めるのであれば、わたしたちはひとまずすべてのものを抱えたままでいられます。でも、「やらないことの順番」を決めるのであればそれは許されません。「もしかしたら成果につながるかもしれない」と思えることも、いま重要でなければ覚悟を持って切り捨てていかなければならないのです。

　劣後順位を決めるのは難しい作業です。でもわたしたちは劣後順位をつけることで、本当に重要なことを知る手がかりを得ることができるのです。

　ある若者が「映画監督になりたい！」という夢をいだき、映画製作会社に入った。しかし仕事に追われる毎日。自分の夢のことを考える余裕は少しもなかった。

　ある日若者は、「これではいつまでも映画監督にはなれない」と気づいた。そして、「やらない仕事」を決めることにした。

　まわりに気を使って引き受けてきた雑用、だれかに任せられる仕事、将来の夢にはつながりそうもない仕事……。そして、夢を実現するための活動に集中するようにした。

　実際に自分で映画の構想を練ったり、脚本を書いたりするうちに、自分がなにを勉強しなくてはいけないのかがよく見えるようになってきた。仕事にも、以前にも増して意欲的に取り組めるようになり、日々は充実していた。彼はやっと、夢に近づきはじめた実感を持てるようになってきた。

　この若者は、勇気を持って「目標達成にはつながらない仕事」を捨てました。もしかしたら、上司や先輩から嫌味の１つもいわれたかもしれません。でも、彼にとっていちばん重要なことは夢の実現です。彼はそのことに集中しようと、覚悟を決めたのです。

勇気を持って「いちばん重要」と判断しよう

　古くなった仕事を捨てて劣後順位を決めたら、みなさんにはおのずと本当の優先順位が見えてくるはずです。しかし、それでもまだいますぐやるべき「いちばん重要なこと」を決めるのは大変なことです。なぜなら、たった１つの「重要なこと」に集中するためには、さらにほかのものを手放さなくてはならないからです。

そこで必要になるのが、1つの重要なことを選ぶ勇気です。いざというときにあなたが勇気を奮い立たせるのに役立つ、いくつかのルールを紹介しておきましょう。

ルール1 過去よりも未来を選ぶ

いままでやってきたことは、すでに慣れ親しんでいて、勝手も分かっています。いっぽうこれからチャレンジしようとすることは、分からないことだらけで、大きな不安もつきまとうでしょう。でも過去と未来、どちらを取るか迷ったら、勇気を出して未来を選びましょう。

ルール2 チャンスを捉える

すでに起きてしまった問題に対処してマイナスをゼロにすることは必要です。でも、それだけでは大きな成果を生み出すことはできません。それよりも、ゼロを大きなプラスにできるチャンスを逃さないことが重要です。

チャンスは突然あらわれます。リスクがあるかも知れません。でも、「いまがチャンスだ」と思ったら、勇気を出して行動しましょう。それが大きな成果につながり、自分自身の成長にもつながるはずです。

ルール3 「みんなと一緒」ではなく独自性を優先する

ほかの人と同じようにやる、ほかの組織とおなじ方向に進む——それは安心で、安全な道のようにも思えます。でも、それではあなたの強みは発揮されず、大きな成果を得ることもできません。それよりも、独自性——つまり自分らしさを優先するほうが大きな成果を得ることができます。ほかの人とはちがう自分らしさを貫けば、ときに理解されにくく、反発を受けることもあるかもしれません。それでも勇気を持って「自分らしさ」を優先しましょう。

ルール4 新しい道を切りひらく

だれかが敷いた道の上でトップに立つというのは、ひとつの大きな成果です。でも、それよりずっと大きな成果を生み出す方法があります。それは、新しい道を切りひらくということです。

例えば、すでに市場にある製品ラインのなかでトップに立っても、べ

つの新商品に追いつかれるのは時間の問題です。それよりも、だれも考えつかなかったような新しい製品を生み出す。それは、新しい市場、新しいニーズ、新しい競争を作り出すことでもあります。

　最初のひとりになるのは勇気がいるものです。でも、あとから多くの人々がついてくれば、それはとてつもなく大きな成果につながります。

▶自分で自分をマネジメントする

　集中というのは、「本当に意味のあることはなにか」「いちばん重要なことはなにか」という視点を持ち、勇気を持って、やるべきことを自分の意思で決めていく作業でもあります。そしてそれは、自分で自分をマネジメントすることでもあります。

　みなさんも、自分の意思で判断し、ときに勇気を奮い起こしながら、自分で自分を導いていってください。

青年は、自分にとっていちばん重要なことを考えた。

いまのぼくにとって、なにがいちばん重要なことだろう？　自分らしさをいかして理想の店作りをする。これがいまぼくのめざしていることだ。

だとすれば、そのためにやるべきことは、お客さんと接する機会を増やすこと。これが、自分にいちばん重要なことだ！

ほかにも、やるべきことはたくさんあった。でも青年は、客のいる時間にはほかの仕事はせず、接客に集中することにした。そして、苦手な事務仕事は、思い切ってウェイトレスに任せることに決めた。

［第４章　いちばん重要なことに〈集中〉する］のポイント

☑「いちばん最初に」「１つだけ」に集中する

限りある時間のなかで最大限の効果を出すためには、いちばん重要なことを「いちばん最初に」やらなくてはいけません。また、やることは「１つだけ」にしぼらなくてはいけません。

☑劣後順位を決める

いちばん重要なことを決めるときに大切なのは、優先順位を決めることよりも劣後順位を決めることです。自分の意思でしっかりと劣後順位を決め、なにを「やらない」のかを判断しましょう。

☑勇気を持って判断する

いますぐやるべき「いちばん重要なこと」を決めるのには勇気が必要です。未来、チャンス、独自性、新しい道。これらを意識して、勇気を出して判断しましょう。

第 5 章

正しく〈意思決定〉し、
実行する

青年、人を雇うかどうか迷う

青年が「事務仕事をまとめて任せたい」と話すと、ウェイトレスは喜んで引き受けてくれた。それからというもの、彼女の表情はいきいきとしはじめた。自分の得意なことを仕事にいかせるのがうれしいようだ。

そのぶん青年も、やるべきことに集中できるようになった。彼が客と積極的に会話をすることで、店の雰囲気は明るくくつろいだものになり、客足も順調に伸びていった。

そんなある日、青年は料理人とウェイトレスにいった。

「じつは新しくソムリエを雇いたいと考えているんですが、どうでしょう。」

これは、青年が客と接するなかで考えるようになったことだった。

もっと的確に、客の好みや料理に合うワインを提案できれば、みんなの満足度は上がるはず。でも自分にはその知識がたりない。ぜひ、ワイン選びのプロであるソムリエを加えたい。

「おれは反対だな。やっと店の売り上げが安定してきたところなのに、新人を入れるなんて。どんなヤツが来るか分からないんだぞ。仕事を教えるのだってひと苦労だ」

と、料理人はいった。

「わたしはいいと思います！　そうでなくても人手はたりないんだから」

ウェイトレスは賛成のようだ。意見が分かれてしまった。

　たしかに料理人のいうとおり、新たに人を入れるのはリスクもある。でも、青年はここへ来て、この少ない人数でやれることの限界も感じていた。

　悩んだ青年は、翌朝、老紳士に会うことにした。

「ふうむ。難しい選択だが、店の将来に関わる重要な問題だね」

　話を聞いた老紳士は、いつものようにやわらかな笑顔を青年に向けた。

「きみがいましようとしているのは、まさしく意思決定だよ」

　青年は老紳士の言葉を聞いて、ハッと思い当たった。

　そうだ、5つの能力の最後、それが「正しく〈意思決定〉し、実行する」というものだった。

「ぜひ教えてください、意思決定について！」

「ああ、もちろんだとも」

　老紳士はコーヒーをすすると、おもむろに話しはじめた。

成果を生み出せるかどうかは
意思決定が左右する

▶意思決定が将来を大きく左右する

　青年は大きな決断を前に悩んでいるようですね。青年だけではなく、仕事をするわたしたちにとって、なにかを決めること、つまり〈意思決定〉をすることは、もっとも重要で時間のかかる仕事です。

　例えば、人を雇う／人を減らす、新しいシステムを取り入れる／古いシステムを捨てる、商品ラインを増やす／商品ラインを減らす………など、わたしたちの前には大小さまざまな選択肢があり、日々その決断をしていかなければなりません。

　その決断は、その人自身が成果を生み出せるかどうかだけでなく、組織の行く末さえ左右します。正しい選択は大きな成果を、まちがった選択は大きな損失を生む可能性になっていくのです。

　老舗和菓子店を営む男性は、大きな壁にぶつかっていた。看板商品の売れ行きが落ち続け、経営のピンチを迎えていたのだ。
「このままではいけない。なにか変えなくては……」
　そして彼は、スタッフから提案された「商品パッケージのデザインを一新する」というアイデアを採用することに決めた。
　既存のブランドイメージをひっくり返すその決定には、反対の声も強かった。しかし結果は見事大成功。これまでその商品に興味を

示さなかった若い客の目に止まるようになり、客層を広げることができた。

　急速に回復した売り上げを見た男性は、あのときもしスタッフの提案を採用していなければどうなっていたか……そう考え、決断をしてよかったと心から思った。

　これは、ひとりの男性の意思決定が大きな成果を生んだ例です。こんなふうに、意思決定は、組織の将来を大きく動かします。

　成果につながるような精度の高い意思決定をするためには、時間がかかります。なぜなら問題にぶつかるたびに、さまざまな角度から問題を

眺め、慎重に答えを導き出さなければならないからです。そのためには、こまごまとした問題に振り回されることなく、全体に影響を与えるような問題に集中し、十分な時間を使って、正しい意思決定をしなければなりません。

意思決定は 5つのステップで行う

▶ ステップ1　問題を分類する

わたしたちが正しく意思決定をするためには、これから紹介する5つのステップで行う必要があります。

その1つ目は、問題を分類するということです。正しく意思決定をするためには、まずそこに関わる問題の性質を正しく理解しなければなりません。正しい理解が正しい決定を導くいっぽうで、まちがった理解はまちがった決定を導いてしまうからです。

一見すると多種多様に思える問題は、じつはつぎの4つに分類することができます。

① 一般的な問題
② 自分にとっては例外的だが、世の中にはよくある一般的な問題
③ 本当に例外的な問題
④ いまは例外的でも、将来一般的になるかもしれない問題

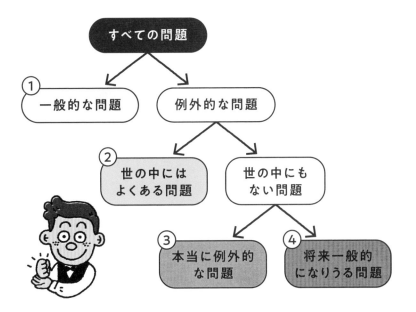

　いま目の前にある問題がこれらのうちのどこに分類されるかは、上の図のように考えると、おのずと分かってきます。順番に説明していきましょう。

一般的な問題か、例外的な問題か

　まずはその問題が、よくある「一般的な問題」なのか、「例外的な問題」なのかを考えます。問題が一般的であれば、正しい決定をすることは簡単です。でも反対に例外的だと、正しい決定をするのはとても難しくなります。

　一般的な問題は、いいかえればわたしたちが何度も経験している問題です。ということは、これまでの経験で培った解決方法で対応することができるはずです。いっぽう例外的な問題は、イチから正しい解決方法

を考えなければなりません。

　しかし、本当に例外的な問題というのは、わたしたちが思っているよりずっと少ないものです。ですから、すぐに例外的な問題と決めつけずに、さらにいくつかの視点から、その問題の性質を考えてみましょう。

自分には例外的でも、世の中にはよくある問題なのではないか

　その問題を「例外的だ」と判断したら、今度は「自分には例外的でも、世の中にはよくある問題かもしれない」という視点から考え直してみましょう。

　自分やその組織にとっては初めてぶつかる問題だとしても、世の中を広く見わたしてみれば、べつのだれかが同じような経験をしているかもしれません。そして、そのだれかがすでに問題の解決策を見つけていることもよくあります。もし、例外的と考えていた問題がじつは世の中にはよくある一般的な問題だったと分かったら、すでに見つけられている解決策から学び、自分の意思決定にいかしてください。

　ある整備工場に、故障車が運び込まれた。整備士にとってそれは初めて経験するタイプの故障だったため、原因をくわしく調べ、どんな方法で修理すればよいかをイチから考えなくてはならなかった。

　ところが後日、その車のメーカーから連絡があり、同じ種類の車で似たような故障がいくつも報告されて

いることが分かった。

この整備士は、初めて目にした故障を「例外的だ」「解決方法を考えなければ」と考えました。でも、じつは世の中を見渡せば、同じような故障がすでにいくつも起きていたのです。そのことに気づけていたら、整備士はもっと簡単に対応することができたでしょう。

将来一般的になる、新しい問題ではないか

自分にとって初めてぶつかる問題で、世の中にも同じような例はなさそうだ——そうであれば、それは本当に「例外的な問題」かもしれません。しかし、**さらにもう1つの視点で考えてみる必要があります。それは、「いまは例外的だけど、将来一般的になるかもしれない」という視点です。**「将来一般的になるかもしれない」というのは、つまり「目の前の問題は新しい問題のきざしである」ということです。

その問題が新しい問題のきざしだとすれば、解決方法を見つけるのは大変かもしれません。でもそこであなたが行う意思決定やその後の経験は、とても価値のあるものになるでしょう。なぜなら将来同じ問題にぶつかる人たちが、あなたの経験に学ぶことができるからです。場合によっては、その意思決定や経験が、将来性のある仕事を生み出すかもしれません。

ここまでの説明で分かるとおり、わたしたちが抱える問題のほとんどは一般的な問題で、本当に例外的な問題というのはほんのわずかしかありません。でも「これは例外的だ」と勘ちがいして、すでに見つかっているはずの解決策を見逃してしまうことがとても多いのです。そうなら

ないために、時間をかけてその性質を正しく理解してください。

▶ステップ2　必要条件をはっきりさせる

　問題の分類ができたら、つぎに行うのはその意思決定の必要条件を明らかにすることです。必要条件とは、「これだけは満たさないと決定した意味がない」という目的のことです。この条件を満たしてはじめて、「その決定は成果を上げることができた」といえるようになるわけです。必要条件が分かりやすいものであるほど、成果が上がる可能性は高まります。

　そのカフェは、いつも満席なのに売り上げがなかなか伸びないことに悩んでいた。ほとんどの客が、飲み物1杯で長時間滞在することが原因だった。

　そこでカフェの店長は、それまで扱わなかった食事のメニューを新しく追加することに決めた。目的は「客単価を1.5倍にする」というもの。その目的を達成できるよう、新メニューの内容や金額、提供する時間帯も検討した。

　店長の狙いどおり、食事どきの売り上げは倍増。平均の客単価も1.5倍以上に伸ばすことに成功した。

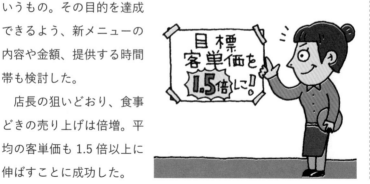

このカフェは、「客単価を1.5倍にする」という目的を決めたことで、狙いどおり成果を生み出しました。でももし目的を決めず、ただなんとなくメニューを増やしていたとしたら、メニューの内容や金額などを具体的に検討することはできなかったでしょう。成果を上げられたのかどうか、評価することさえできなかったかもしれません。

もちろん、目的を決めても実際にやってみたら予想どおりにはならないこともあります。それでも、あらかじめ目的を決めておくことは大きな意味を持ちます。**なぜなら、どんな意思決定をすればよいか、建設的に検討できるようになり、また目的を説明しやすくなるからです。これは成功率を高めることにつながります。**

▶ステップ3　「なにをするのが正しいか」を決める

3つ目のステップは、その意思決定でなにをするのが正しいのかを決めることです。

なにかものごとを決定しても、それを実行に移していく過程では、さまざまな現実的な問題が生まれてくることがあります。妥協しなくてはならない場面も出てくるかもしれません。**だからこそ、ものごとを決めるときには、その段階で「なにをするのが正しいか」という正解をはっきり決めておかなければならないのです。**

そしてその正解は「この人がこういっているから」「このほうが受け入れやすいだろう」などというように考えてはいけません。もしあとで妥協せざるをえなくなっても、なにをするのが正しいかを決めておきさえすれば、まちがった判断を避け、妥協も正しくすることができるからです。

▶ ステップ4　決定したことを行動に移す

　4つ目のステップは、決定したことを行動に移すということです。

　ものごとを決定するときには、「どうやって行動に移すのか」という
ことまで考えておかなければなりません。いくら問題を分類でき、必要
条件を明確にでき、正しい正解を持てたとしても、それが実行できなけ
れば、それは絵に描いた餅にすぎません。決定したことを具体的な仕事
に落とし込み、仕事としてきちんと割り振り、責任を与えるのが、正し
い意思決定です。

　そのために、つぎのことを明確にしておきましょう。

- この決定をだれが知っておくべきなのか
- 実行にはだれの、どんな行動が必要か
- その人にどんな成果を期待し、責任を負わせるか
- その人の能力と仕事の内容がつり合っているか

ステップ3
「なにをするのが
正しいか」を
決める

ステップ2
必要条件を
はっきりさせる

ステップ1
問題を分類する

▶ステップ5 フィードバック分析をする

　最後のステップは「**フィードバック分析**」です。決定するときに予想していたことと実際の結果をくらべて、その決定がうまくいったのかうまくいかなかったのか、その原因はなんだったのかを検証する必要があります。もし決定がうまくいかなかった場合でも、きちんとフィードバック分析をすることで、改善点を見つけることができ、つぎにいかせます。成果を上げた決定でも、それがいつまでも効果的とはかぎらないので、その見直しに役立てることができます。

　フィードバック分析は定期的に行うことを心がけましょう。

ステップ4

決定したことを
行動に移す

ステップ5

フィードバック分析
をする

満場一致の意見で
決定してはいけない

▶あいまいな選択肢から１つを選ぶ

意思決定の手順はこれで分かりました。でも、いざ意思決定をしよう
と思うと、やはり迷ってしまうものです。

意思決定というのは結局のところ、いくつかの選択肢からの選択です。
クイズや計算のように答えがはっきりしているわけではなく、どれもが
正解のようであり、まちがいのようでもあります。そんな選択肢のなか
からどれか１つに決めるのは、難しく、勇気のいることです。

ですから、決定するまえに、「これかな」と思う選択肢についてまわ
りの人の意見を聞いてみる人もいるでしょう。でもそのときに注意しな
ければいけないことがあります。**それは、まわりの人と意見が一致する
ことに安心して、反対意見を遠ざけてしまってはいけない、ということ
です。**

▶議論を深めて意思決定の精度を高める

**意思決定をするときには、その問題が重大であればあるほど、精度を
高める必要があります。そのためには、反対の意見やべつの選択肢につ
いて、積極的に考えることが必要です。**

それぞれの意見や選択肢には、それぞれの考え方、正しさがあります。

それらに耳を傾けることで、ときには自分の考えが揺らいでしまうかもしれません。

でも、そのことをおそれてはいけません。

「どうしてこの選択肢ではいけないのか」「なぜこちらのほうが正しいのか」——そんなふうに意見を戦わせ、十分に考えを練ることで、議論は深まります。検討しなくてはならないポイントが浮き彫りになります。どうしてその選択肢を選ぶのか、裏づけを明確にすることができます。

その結果、ちょっとやそっとでは揺らがない、精度の高い意思決定ができるようになるのです。

全員の意見が一致してしまったときは、むしろ決定を先延ばしして、議論を深める時間を持つように心がけましょう。

こんなふうに議論を深めるためには、すべての人が自由に意見をいうことができ、またその意見が十分に尊重される組織作りをしておくことが重要です。それは、議論を深めるだけでなく、ひとりひとりがふだん

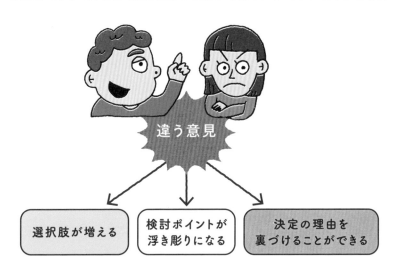

からさまざまな問題について考え、主体的に組織に関わろうとする雰囲気を作ることにもつながります。

▶「なにも決定しない」という選択肢を考える

しっかり議論を深めることができたら、あとは実行に移すのみです。でも、最後にもう1つだけ、このことを思い出してください。それは、あなたにはまだ「なにも決定しない」という選択肢が残っているということです。

意思決定には、つねに大きなリスクをともないます。なぜなら意思決定を下すということは、いまある秩序になにか新しいものを取り入れたり、なにかを取り除いたりして、新しい秩序を作り直すということだからです。

なんらかの痛みをともなう可能性もあります。「新しい部署を立ち上げたことで、組織全体の連携が乱れてしまった」ということがあるかもしれないし、「古い商品を切り捨てたことで、新しい商品の売れ行きに想定外の悪影響が出てしまった」ということがあるかもしれません。

本当に、いま意思決定するべきなのか。なにも決定しないほうがいいのではないか――それを、最後にもう一度考えてみてください。「なにも決定しない」というのも、決定の1つです。

不安や気がかりが残るようなら、決定を少し先延ばしにするのも1つの手です。

とはいえ、決定は適切なときに、勇気を持って下さなくてはいけません。そうでないとチャンスを逃したり、まわりの人たちの時間をムダにしたりすることになるからです。自分の意思決定を信じることができた

なら、勇気を持って、思い描いたゴールへの一歩を踏み出してください。

Story

　青年は、新しくソムリエを雇うかどうか、老紳士に教えられたとおりの手順で時間をかけて考えてみた。

　めざすゴールは、自分の店を「ほっと安らげる場所」にするということ。

　新しい人を入れるのは、料理人のいうようにリスクもある。その人に仕事を覚えてもらうまでは、むしろ客の居心地を悪くしてしまうかもしれない。でも長い目で見て、この店を理想に近づけていくには、いまのままでは限界がある……。

　青年は、さまざまな角度で考えてみた。みんなと話し合う機会も何度か作った。そして、青年の気持ちは固まった。

「よし、新しくソムリエを雇おう！」

IT技術の発展が
意思決定をいっそう重要にする

▶技術の発達と人間の果たすべき役割

IT技術はいま、目をみはる勢いで発展しています。たった数十年前にインターネットが普及したと思ったら、その10年あまりあとにはスマートフォンが登場。情報伝達のあり方が激変しました。さらに今後はAIの技術も一般化していくでしょう。

それにともなって、わたしたちの生活や仕事のあり方もめまぐるしく変化を続けています。

それでも、意思決定は相変わらずわたしたち人間の仕事です。

コンピューターは、大量の情報を集め、理論的に結論を出すことが得意です。一度プログラムに組み込まれた仕事は、ほとんどミスなく、しかも人間とはくらべものにならないほど速くこなすことができます。

でも、世の中の人たちの気分をくみ取ったり、新しい価値やアイデアを生み出すことはできません。組織の方針を決め、そのためになにをするのか・しないのかという意思決定をするのは、やはり人間なのです。

▶意思決定は、生き抜くための必須のスキル

いったん下した意思決定は、コンピューターの力を借りることで、より速く、広く実行することができるようになりました。今日決定したこ

とを地球の裏側で明日実行する、そんなこともいまでは日常茶飯事です。いいかえれば、意思決定の力はひと昔前とくらべて、圧倒的に大きくなったということです。

　意思決定をする、そのことの重要性は、技術が発展していくのにともなって、今後もいっそう重要になっていくでしょう。

　精度の高い意思決定をし、成果を上げ続ける。それは、わたしたち人間がこの世の中で生き抜いていくための、必須のスキルにもなっているのです。

［第5章 正しく〈意思決定〉し、実行する］ のポイント

☑ 意思決定が成果を左右する

　組織の向かう先や、そのための方法を決めるのが意思決定です。どんな意思決定をするかによって、成果を生み出せるか、それとも失敗するかが決まります。

☑ 意思決定のための5つのステップ

　なにか意思決定をするときには、5つのステップを踏むことで、その決定の精度を高めることができます。

☑ IT技術の発展によって、意思決定はより重要になる

　IT技術の発展によって、意思決定の重要性が高まっています。そしていまや意思決定のスキルは、わたしたち人間にとって必須のものになっています。

終　章

さらなる
自己実現のために

青年、将来に思いをはせる

　青年が店の一員として迎え入れたのは、「世界一のソムリエになりたい」という夢を持つソムリエだった。彼のワインの知識は予想以上のものだった。青年は、ワインの提案だけでなく、仕入れや管理についても彼を頼ることにした。

　ソムリエはあっという間に成長し、彼目当ての常連客も増えた。店は街の人気店となった。

　青年は店を眺めた。

　テーブル席の常連客はお気に入りのワインを片手に、ソムリエと笑いながら話している。まるで気心の知れた友人と話しているような、くつろいだ様子だ。

　奥では、料理人がウェイトレスに、できあがったばかりのメインディッシュを手わたしている。

「３番テーブルのデザートもそろそろお願いします」

「よしきた。バースデーケーキだね」

　ウェイトレスの言葉に、料理人が応える。このふたりも、いつの間にか息が合ってきたようだ。

　青年は、ほっとため息をついた。そして、ふと考えた。

「どうやらぼくは、この店を"ほっと安らげる場所"にすることができたみたいだ。でも、目標を達成したぼくは、これからなにをめざして成長していけばいいんだろう」

　この考えは、しだいに青年の心のなかで大きくなっていった。

　ある朝いつものカフェで、青年は老紳士に話した。

「最近よく思うんです。ぼくはこれからどこに向かえばいいのかなって……」

　老紳士は目を細めていった。

「きみはずいぶん成長したね。出会ったころは自信なさげで、目先のことで精一杯だったのに、いまのきみは自信に満ちているし、将来のことを見据えようとしている。この短いあいだにすっかり変わったよ」

「あなたがいろいろ教えてくれたおかげです」

「いや、きみがそれをしっかり身につけた証拠だよ。これからどこに向かえばいいか──そうだね、わたしがこう問い直そう。『きみは、どんな人間として覚えられたいかね？』」

「どんな人間として覚えられたいか……」

　青年は老紳士の言葉をくり返した。老紳士はゆっくりとカップをおくと話しはじめた。

責任を持って
自分で自分を成長させる

▶仕事を通して人生を充実させる

　店を軌道に乗せることに成功した青年は、将来について考えはじめたようですね。

　青年は、老紳士から教わった5つの能力を自分のものにすることで、**成果**を上げ続ける**プロフェッショナル**になることができました。でも、そもそもわたしたちは、なぜ成果を上げなくてはいけないのでしょうか。仕事で成功してお金持ちになるため？　それとも社会的地位を手に入れるためでしょうか。どれも正解ではありますが、それが成果を上げる目的のすべてではありません。

　人間はもともと、自分の成長を望み、また、まわりの人や世の中に影響を与えたり役に立ったりすることを望む生き物です。それらを実現することで、本当の充実感を得ることができます。**そしてこの充実感は仕事を通して世の中とつながるからこそ得られる実感であり、人生を豊かで幸せなものにしてくれます。それこそが、成果を上げるいちばんの目的なのです。**

　ある老人は、木工細工をたしなんでいた。自分にとって使い心地のいい器を作るのが、彼の長年の楽しみだった。ある日、その器の使いやすさに気づいた息子がいった。「父さんの器を、もっとたく

さんの人に使ってもらおうよ！　きっとみんな喜ぶよ」

　その言葉に励まされた老人は、作りためた器を近所の商店で扱ってもらうことにした。評判は彼や息子の予想をはるかに超え、購入者からの感謝の手紙が届くこともあった。また、その器を扱いたいという店からの問い合わせも増えた。

　老人は、自分の器が世の中に求められることで、自分のためだけに作っていたときには得られなかった深い充実感を感じられるようになった。そして、みんなにもっと喜んでもらえるようにと腕をみがきはじめた。

　もしかしたら、仕事をするのは収入を得るため、あるいは社会的地位を手に入れるためとしか考えていない人もいるかもしれません。でも、あなたの考え方や関わり方次第で、仕事はそれ以上の価値を持つことができます。**人生を豊かなものにしていくには、仕事を通して成果を上げるプロフェッショナルになるのがいちばんの道なのです。**

▶ 自分を成長させるためにやるべきこと

わたしたちはいま、知識がなによりも重要なものとなった知識社会を生きています。この社会で成果を上げ続けるためには、知識をみがき自分を成長させていかなければなりません。ではなにをすれば、自分を成長させ続けることができるのでしょうか。

1つは、人に教えるということです。 うまくいったこと、成功したことは、積極的に仲間に教えるのです。相手の学びになるだけでなく、自分も学ぶことができます。

もう1つは、成長できる場所を選ぶということです。 ときにはべつの場所に身をおいてみると、新しい可能性や将来の道が見えることもあります。

さらに、現場で働くことも大切です。 組織の管理や、商品・技術の開発などを仕事にしている人は、直接客と関わったり、サービスを提供したりする機会がないものです。でも意識的に現場に立つ機会を作ることで、刺激や学びを得られるはずです。

成長できる場所を選ぶ

人に教える

現場で働く

　自分が持っている可能性を最大限に引き出し、それを伸ばしていく。そんなふうに自分を成長させ続けることができるのは、ほかのだれでもない自分だけです。**自分の成長に「責任」を持つこと、それが成長し続けるカギになります。**

　ぜひこれらのことを実行していってください。それは、あなたの内側にある誇りや自信を育てることでもあり、人間としての成長にもつながっていくのです。

自分の価値観を重視する

　成長し変化していくとともに、意識しておかなければならない大切なことがあります。それは「価値観」です。

　わたしたちは、それぞれが異なる価値観を持っています。そして、それと同じように、組織にもそれぞれの価値観があります。どれが正しいとか、まちがっているとかいうことはありません。でも、自分の働く場所と自分の価値観がずれていると、あなたの可能性を十分に引き出すことはできません。それどころか、自分の道を信じることさえできなくなってしまいます。

　自分の強みをいかせる場で大きな成果を上げることは大切です。でも、それが自分の価値観に合っていなければ、本当の充実感を得ることはできないでしょう。**そうではなく、まずは自分の価値観に合う仕事をすること。そのうえで、大きな成果をめざしていくことが重要です。**

　　小さな学習塾で講師をしていた女性が、大きな進学塾から引き抜かれることになった。その進学塾は学力レベルがとても高く、講師

には一流大学への進学率を上げることが求められた。

　彼女は期待に応えて大勢の生徒たちを一流大学へ進学させ、高い評価を受けた。報酬も以前の倍に跳ね上がった。ところが心は満たされず、無力感さえ感じるようになった。その原因を考えてみると、「進学率を上げることは自分にとって大事なことではない。それよりも、こどもひとりひとりと心を通わせながら、それぞれの成長を見守ることが幸せだったのだ」と気づいた。

　彼女は大きな進学塾を辞め、生徒ひとりひとりと深く関われる小さな学習塾を開いた。収入は減ったが、日々の仕事に充実感を感じられるようになった。

　この女性は、自分の強みをいかして大きな成果を上げましたが、組織との価値観のズレのせいで、充実感を得られないでいました。でも、働く場所を自分の価値観と一致させたことで、心から満足できる仕事を手に入れることができたのです。

また、気質や個性についても考慮が必要です。

人の気質や個性というのは、その仕事に就くずっと前からその人に備わっているものです。矯正したり変更したりできるものではありません。

だれかと一緒にやるほうがうまくいく人もいれば、ひとりで黙々と仕事を進めるほうが肌に合っている人もいます。リーダーとしてみんなを引っ張るのが向いている人もいれば、リーダーを補佐するほうが向いている人もいます。

あなたはどんな気質や個性を備えているでしょうか。その気質や個性をいかせる仕事・職場を選んでください。

自分のことを、どんな人間として覚えられたいか

▶ 客観的な視点を持って考える

　ここまで、仕事で成果を上げる意義、人生を豊かにするための方法や価値観について、考えてきました。みなさんも、それぞれの理解を導き出すことができたのではないでしょうか。さてそこで、最後に考えていただきたいのが、この問いです。

　──あなたは、どんな人間として覚えられたいですか？

　その答えは、「自分はどんな人生を送りたいか」「どんな人間になりたいのか」という、自分の人生の行くべき方向を示してくれるものです。「どんな人間として覚えられたいか」と問うことで、視点を自分の内側ではなく外側において、客観的に考えることができるようになります。

この問いへの答えは時間とともに変化していくかもしれません。でもそれは自然なことです。なぜなら、あなたが成長し変化し続けていれば、おのずと「どんな人間として覚えられたいか」も変わっていくからです。

つねに「まわりの人に、自分のことをどんな人として覚えてもらいたいか」と問い続け、一生を通じて自分を成長させていってください。

［終章　さらなる自己実現のために］のポイント

☑ **仕事を通して人生を豊かにする**

自分を成長させること、仕事を通して世の中の役に立つこと。それを実感することで人生は豊かになります。そのためには、プロフェッショナルになるのがいちばんの道です。

☑ **価値観を重視する**

成長し続けるためには、なによりも自分の価値観を大切にすることが重要です。

☑ **「どんな人間として覚えられたいか」を考える**

自分が将来行くべき方向を見つけるためには、「どんな人間として覚えられたいか」という問いが役に立ちます。客観的な視点で考えることができます。

ここまでの道のり、そしてこれから

　10年後。レストランは、毎日常連客の笑顔であふれていた。そこで働く人たちも自分の仕事に誇りを持ち、充実した日々を送っていた。

　この10年で、青年はオーナーのあとを継ぎ、名実ともに店の主となった。ウェイトレスとして働いてたあの女性は店長として店を仕切るようになった。店内は少し華やいだ雰囲気になり、女性客や夫婦連れの客も増えた。

　ソムリエとして入った若者は、この店で修行を積むと、夢を叶えるため世界へと羽ばたいていった。彼のあとにも何人かが入店し、学び、そして卒業していった。いまは料理人の下に料理人見習いがいて、さらに新しいウェイトレスも働いている。

「あら、オーナー。今日はめずらしいお客様とご一緒ですね！」

　青年が客を連れて店に入ると、元ウェイトレスの店長が声を
かけた。
「そうなんだ。ぜひ、最高のおもてなしを頼むよ」
　青年はそういうと客を席に案内し、今度は厨房に顔を出した。
「やあ、オーナー」
　そう声をかけるのは、あの腕自慢の料理人だ。
「お疲れさまです。今日はちょっと特別なお客様をお連れした
んですが、あの特製赤ワイン煮込み、お願いできますか？」
「ああ、もちろん！　でもその前に新入りの作った前菜をぜひ
試してくれよ」
「へえ、ついに彼の新メニューが認められたんですね！　それ
は楽しみです」
　青年は客を待たせている席へ戻った。
「さあ、さっそく乾杯しましょう」
「ああ、今夜の再会に」
「乾杯！」
　青年に笑顔を向けるのは、あの老紳士だ。
　10年前、悩みを打ち明けるたびに導いてくれ、青年の人生
を大きく変えてくれた。いまでは年に一度ほどこうして店で
会っている。
　青年は、10年前の自分を思い出しながらいった。
「あなたに『どんな人間として覚えられたいか』と問われたと
き、ぼくはこんなことを考えました。『この店を訪れたすべて
の人に、ここでの時間を覚えておいてほしい。お客様だけでな

くスタッフにも、5年後10年後に宝物のような場所だったと思ってもらいたい』と」

　老人はうなずいた。青年は続けた。

「そしてぼくは『そんな場所を作る劇場主として、覚えてもらいたい』という答えを出しました」

「ああ、よく覚えているよ。きみらしい答えだと思った。そしてきみは思い描いたとおりの人物になったね」

　老紳士はうれしそうに目を細めた。

「じつはね、わたしはかつて『世界一の実業家として覚えられたい』と思っていたんだ。でもきみと出会ったことで、新しい目標が生まれたんだよ」

「え、ぼくと出会ったことで？」

「ああ、そうなんだ。あのころわたしは『仕事はやりきった』と感じていて、つぎにどんな自分をめざそうか考えていたんだ。そんなとき、若いきみが現れた。きみは、わたしが助言を与え

ると、どんどん成長していった。それがとてもうれしくてね、わたしはこう考えるようになった。『人生を変えた導き手として覚えられたい』とね」

　まさか自分がそんなふうに影響を与えていたなんて。青年は考えてもいなかった話に驚いた。

「だれかの成長に関われることほど、価値のあることはない。それでわたしは、若者にわたしの知っていることを伝えるために、小さな教室を開いたんだ」

「すごい！」

「ハハハ。きみはどうだい？　そろそろつぎの自分を思い描く時期じゃないかね」

　これだからかなわない、と青年は思った。この人に会うたびに、ぼくは一歩前へ踏み出すことを促されるのだ。

「そうですね。そろそろまた、未来の自分を探さなくては」

　ふたりはくつろいだ気持ちでそのひとときを楽しんでいた。

覚えておきたい！
『プロフェッショナルの条件』
キーワード集

このページでは、本書に出てくる重要なキーワードを
一覧にして紹介します。
これらは、ドラッカーの考える「成果を上げる方法」を
知るための、大切なキーワードでもあります。
最後におさらいしておきましょう。

用語	解説	ページ
成果	なにか行動したことで得られるよい結果。人生を充実させ、本当の幸せを手に入れるために必要なもの。	003
知識	単なる情報だけでなく、経験や理論も使って「いかに成果を生み出すか」を考える力。	016, 018
知識社会	「ヒト・モノ・カネ」ではなく「知識」が、生き抜くために重要な資本となった社会。	018
知識労働者	経営者や役職のあるビジネスマンだけでなく、知識社会において、知識を使って成果を上げることが求められるすべての人。	019

用語	解説	ページ
プロフェッショナル	知識労働者のなかでも高い精度で成果を上げ続けることができる人。	020
貢献	自分や組織が世の中に果たす役割。成果を上げるためには、まず「組織が世の中にどんな貢献をしようとしているか」を理解し、そのつぎに「自分（個人）が組織にどんな貢献をするべきか」を考えなくてはいけない。	029
強み	「これならだれよりも得意！」「ほかの人よりも簡単にできる」といえるもの。成果を上げるためには、自分とまわりの人の強みをいかすことが大切。	042
フィードバック分析	最初の目標と実際の結果をくらべ、うまくいった点やそうでなかった点を分析し、その分析結果をつぎにいかすこと。	046, 097
時間	すべての人に平等に与えられた、替えの利かない資源。大きなかたまりにすることで、効果的に使うことができる。	058
集中	最優先事項を１つに絞り、いちばん最初に取りかかること。	074
劣後順位	やらないことの順番。優先順位の対義語。	078
意思決定	なにかを決断すること。どんな意思決定をするかが、その後の成果や組織の行く末を大きく左右する。	088

ピーター・F・ドラッカー 年譜

数々の本を著しただけでなく、多岐にわたる職業や活動を経験し、
世界を、そして人々の幸せのあり方を見つめたドラッカー。
その人生とは、いったいどんなものだったのでしょうか。
年譜で振り返ってみましょう。

西暦	できごと
1909	オーストリアの首都ウィーンで生まれる。
1927	ドイツへ移転。ハンブルク大学法学部に入学。貿易会社で事務見習いとして働きはじめる。
1929	フランクフルト大学法学部に編入。証券アナリストとして働きはじめるも会社が倒産。その後フランクフルトの新聞社で金融・外交の記者として働きはじめる。
1931	フランクフルト大学で国際法の博士号を取得。
1933	ヒトラーが政権を掌握したことをきっかけに、イギリスのロンドンへ移転する。

1937	ドリスと結婚、のちに一男三女をもうける。 アメリカへ移転する。
1939	『経済人の終わり』を出版。 サラ・ローレンス大学で経済学と統計学の非常勤講師を務める。
1942	ベニントン大学で哲学・政治学の教授に就任。 『産業人の未来』を出版。
1943	ゼネラル・モーターズ社のマネジメントの調査・コンサルティングを行う。 アメリカ国籍を取得。
1945	ゼネラル・モーターズ社の調査を元にした『企業とは何か』を出版し、ベストセラーとなる。
1950	ニューヨーク大学大学院の経営学部教授に就任。
1954	世界初のマネジメント書となる『現代の経営』を出版。
1957	『オートメーションと新しい社会』を出版。
1959	『変貌する産業社会』『明日のための思想』を出版。 初めて日本を訪問し、東京、大阪などで講演、東洋レーヨン、興亜石油などを訪問、日本画を購入。以降たびたび日本を訪れるようになる。
1964	世界初の事業戦略書となる『創造する経営者』を出版。
1966	『経営者の条件』を出版。 日本政府から、「産業経営の近代化および日米親善への寄与」によって勲三等瑞宝章を授与される。

1969	『断絶の時代』を出版。
1971	クレアモント大学大学院の社会科学部教授に就任し、マネジメント研究科を創設。
1972	『新しい経営行動の探求』を出版。
1974	『マネジメント』を出版。
1975	「ウォールストリート・ジャーナル」紙への寄稿を開始、以後20年続く。
1976	『見えざる革命』を出版。
1977	『状況への挑戦』を出版。
1979	自伝『傍観者の時代』を出版。
1980	『乱気流時代の経営』を出版、バブル到来を予見する。
1981	『日本 成功の代償』を出版。
1982	小説『最後の四重奏』を出版。 『変貌する経営者の世界』を出版。
1984	2冊目の小説『善への誘惑』を出版。
1985	『イノベーションと企業家精神』を出版。
1986	『マネジメント・フロンティア』を出版。 「ドラッカー・コレクション水墨画名作展」を東京、大阪、名古屋の3都市で開催。

1989	『新しい現実』を出版、東西冷戦の終わりを予見する。
1991	『非営利組織の経営』を出版。
1992	『未来企業』を出版。
1993	『ポスト資本主義社会』を出版。 『すでに起こった未来』を出版、自らを「社会生態学者」とよぶ。
1995	『未来への決断』を出版。
1996	『挑戦の時』『創生の時』を出版。
1998	『Ｐ・Ｆ・ドラッカー経営論集』を出版。
1999	『明日を支配するもの』を出版。
2000	『プロフェッショナルの条件』『チェンジ・リーダーの条件』 『イノベーターの条件』を出版。
2002	『ネクスト・ソサエティ』を出版。 アメリカ大統領から文民最高の栄誉とされる「大統領自由勲章」を授与される。
2005	『テクノロジストの条件』を出版。 11月永眠。

おわりに

　いかがでしたか？　本書、『13歳から分かる！　プロフェッショナルの条件』を読み終えたみなさんなら、ドラッカーのいう「成果を上げることで、人生を充実させ、本当の幸せを手に入れられるようになる」という言葉の意味を、理解していただけたのではないでしょうか。

　ものがたりに出てくる青年は、老紳士の導きによって成果を上げるための能力をひとつひとつ学び、確実に身につけていくことで、人生を自分らしく充実させることができました。

　これは決して"ものがたりのなかの絵空ごと"なんかではありません。だれにでも実際に手にすることができる成功です。

　とはいえ、単に本を読んだだけで、あなたのもとに充実した人生がやってくるというわけでもありません。頭で理解するのと、実際にやってみるのとではずいぶんちがいます。大切なのは、自分なりにまずは実践してみることです。

1 〈貢献〉を考える

2 〈強み〉をいかす

3 〈時間〉をコントロールする

4 いちばん重要なことに〈集中〉する

5 正しく〈意思決定〉し、実行する

これらを身につけていくには、それなりの時間がかかります。学んだことを忘れてしまったり、失敗してしまったりすることもあるかもしれません。でも、自信を持ってください。本書を読み終えることができたあなたは、もう最初の一歩を踏み出しているのですから。

本書から学んだことを、日々の取り組みにいかしていってください。そうすればいつの日かきっと、あなたも成果を上げられるようになっているはずです！

藤屋伸二

藤屋伸二（ふじや・しんじ）

1956年生まれ。1996年にコンサルタント事務所を設立。1998年、大学院に入りドラッカーの研究を始める。現在は、ドラッカーのマネジメント理論を「ニッチ戦略」「ポジショニング」の視点から再編成した「客離れしない値上げの手順」を考案し、中小企業を対象に業績伸長やV字回復を支援している。主な著書・監修書に『ドラッカー入門』（日本能率協会マネジメントセンター）『小さな会社は「ドラッカー戦略」で戦わずに生き残る』（日本実業出版社）『まんがと図解でわかるドラッカー』（宝島社）などがある。

参考文献

『プロフェッショナルの条件』P.Fドラッカー著 上田惇生訳（ダイヤモンド社）
『経営者の条件』P.Fドラッカー著 上田惇生訳（ダイヤモンド社）
『ドラッカー入門』藤屋伸二著（日本能率協会マネジメントセンター）
『ドラッカー思考法大全』藤屋伸二著（KADOKAWA）
『まんがと図解でわかる ドラッカー』藤屋伸二監修（別冊宝島） など

● 装画・本文イラスト　　大西洋
● ブックデザイン　　　　藤塚尚子（e to kumi）
● 企画・編集　　　　　　日本図書センター（小菅由美子）
● 編集協力　　　　　　　川合拓郎

13歳から分かる！プロフェッショナルの条件
ドラッカー 成果を上げるレッスン

2021年4月25日　初版第1刷発行
2022年9月25日　初版第3刷発行

監　修　　藤屋伸二
発行者　　高野総太
発行所　　株式会社日本図書センター
　　　　　〒112-0012　東京都文京区大塚3-8-2
　　　　　電話　営業部　03-3947-9387
　　　　　　　　出版部　03-3945-6448
　　　　　http://www.nihontosho.co.jp
印刷・製本　図書印刷 株式会社